SOPHIE WINTER

FILOU

SOPHIE WINTER

FILOU

EIN KATER SUCHT DAS GLÜCK

MIT ILLUSTRATIONEN
VON BEATE FAHRNLÄNDER

PAGE &TURNER

Verlagsgruppe Random House FSC-DEU-0100
Das FSC®-zertifizierte Papier *EOS* für dieses Buch
liefert Salzer, St. Pölten.

Page & Turner Bücher erscheinen im
Wilhelm Goldmann Verlag, München,
einem Unternehmen der Verlagsgruppe
Random House GmbH.

1. Auflage
Copyright © 2010
by Page & Turner/Wilhelm Goldmann Verlag, München,
in der Verlagsgruppe Random House GmbH
Innenillustrationen:
© Beate Fahrnländer / die KLEINERT.de
Vorsatzillustration: gettyimages/Martin Ruegner
Redaktion: Kerstin von Dobschütz
Gesetzt aus der Janson-Antiqua
Druck und Einband: Friedrich Pustet KG, Regensburg
Printed in Germany
ISBN: 978-3-442-20370-3

www.pageundturner-verlag.de

EINS

Filou war der größte und prächtigste, der angesehenste Kater von Beaulieu. Er war ein Kater im Glück.

Kurz vor Morgengrauen erwachte er aus einem erfrischenden Schläfchen, reckte und streckte sich, polierte sich mit der angefeuchteten Pfote die Ohren und sprang hinaus auf die Straße. Er konnte sie nicht warten lassen, die Menschen da draußen in seinem Sprengel, er war ihr Glücksbringer, ihr Talisman, sie brauchten ihn.

Im Bewusstsein seiner Mission bauschte er die erhobene Rute, deren Spitze er einen eleganten kleinen Dreh gegeben hatte, und spazierte die Ruelle des Camisards hoch. Die Mauern der Häuser rechts und links der engen Gasse verströmten feuchte Kälte und den Geruch aller Tiere, die in den letzten Tagen hier entlanggezogen waren. Filou überprüfte die Duftmarke, die er neben eine Haustür gesetzt hatte, vor der zwei alte Blechtöpfe standen, in denen Fleißige Lieschen blühten. »Mein Revier!«, sagte der Duft stark und deutlich.

Zufrieden trabte er weiter, sprang von Haustür zu Haustür, tatzte nach einer nachtstarren Biene, stolzierte provozierend langsam am Zaun vorbei, hinter dem ein schwarzer Dobermann tobte, und entkam nur mit äußerster Geistesgegenwart und Schnellkraft dem Schwall kalten Wischwassers, der sich aus einer der Türen auf die

Straße ergoss. Mit elegant auf zehn nach drei gesenktem Schweif trabte er am Platz vor dem Kriegerdenkmal vorbei, auf dem die alten Männer sonntags Petanque spielten. Einmal hatte er versucht mitzuspielen, da war er noch jung und naiv gewesen. Was war das für ein Geschrei und Gekeife gewesen, als er die kleinste der Kugeln zwischen die Pfoten nahm und über das Spielfeld dribbelte! Keiner schien sich über seine Meisterschaft zu freuen, alle scheuchten ihn weg. Wie konnte man nur so engstirnig sein.

Endlich erreichte er die Grande Rue. Groß war die Grande Rue nicht, obwohl sie so hieß, aber sie war groß genug für Autos, und die waren gefährlich. Es war nicht gut, ihnen in die Quere zu kommen, nein, ganz und gar nicht.

Er blickte erst nach links und dann nach rechts und huschte hinter einem schwankenden Fahrradfahrer über die Straße. Am Bottich mit dem Oleander, der vor dem Friseurladen stand, überraschte ihn eine verführerische Duftnote, der er sich mit Hingabe widmete. Mensch? Hund? Katze? Kind? Bevor er zur Feinanalyse übergehen konnte, schlich sich ein noch betörenderer Geruch vor seine Nase, der ihn daran erinnerte, dass er zu tun hatte. Das aufreizende Duftbouquet lockte und rief, und Filou fiel in einen leichten Trab, bis er vor der Bäckerei angelangt war. Durch die geöffnete Tür sah er Madame aus dem Backzimmer eilen, im Arm ein dickes Bündel feiner Ficelles, extradünner, goldbrauner Weißbrotstangen. Madame war von der Hitze ganz rot im Gesicht, aus ihrem

Haarknoten hatte sich eine Haarsträhne gelöst und kräuselte sich auf der weißen Bluse. Filou spürte ein verräterisches Zucken in seiner rechten Pfote. Wie gerne wäre er ihr auf den Arm gesprungen und hätte mit diesen verführerischen Locken gespielt!

»Aber da ist er ja, mein Liebling!«, rief Madame, legte die Ficelles in einen der großen Körbe hinter dem Verkaufstisch, griff in das Körbchen mit den Croissants und eilte zur Tür. »Komm, mein schöner roter Kater, komm her zu mir«, lockte sie, ging in die Knie und hielt ihm ein Stückchen entgegen. Filou versuchte, sich würdig zu nähern, aber seine Schnurrbarthaare zitterten schon vor freudiger Erwartung. Dennoch zwang er sich dazu, ihr das Stück Croissant ganz besonders zart aus der Hand zu nehmen und es nicht allzu gierig zu verschlingen.

Dann sah er hoch. Das war doch noch nicht alles? Natürlich nicht, das Beste kam wie jedes Mal zuletzt. Madame wusste, wie man sich beliebt macht. Sie begann hinter seinen Ohren, walkte sein Nackenfell und strich dann sanft das Rückgrat hinunter bis zur Schwanzwurzel, wo ihre Hand eine Weile provozierend knetend verharrte, um dann aufs Neue zu beginnen: von oben nach unten, immer fein mit dem Strich. Filou schnurrte und wand sich vor Vergnügen. Dies war ein Morgenritual, das er besonders schätzte.

»Marie-Lou? Was ist! Wo bist du?«

Oh, diese Stimme. Diese hässliche, laute, störende Stimme. Filou senkte die Rute, machte sich schlank und duckte sich unter der streichelnden Hand weg. Er hasste diese Stimme. Madame mochte sie offenbar auch nicht.

»Ist ja gut!«, murmelte sie und richtete sich auf. »Ich komm ja schon!«

Filou schoss wie ein Pfeil davon.

»Was hast du immer mit dem roten Vieh? Das ist doch verfloht und verlaust!«, hörte er die laute unfreundliche Stimme rufen. »Dies ist eine Bäckerei! Könntest du bitte auf Hygiene achten?«

Hygiene? War das so was wie das stinkende Spray, mit dem Madame im Sommer die Himbeersahnetörtchen einnebelte, woraufhin alle Fliegen, die sie gierig umkreist hatten, tot herabfielen?

Filou atmete tief durch. Zugegeben, nicht jeder liebte es, wenn er morgens zu Besuch kam. Doch es gab viele Plätze, wo die Menschen ihn freudig willkommen hießen. Nur er selbst fand nicht alle Menschen und Plätze gleich angenehm. Vor Brunos Bar etwa hielt man sich als empfindsames Wesen besser nicht lange auf. Filou beschleunigte sein Tempo. Vom Laternenmast her roch es nach den Körperflüssigkeiten von Männern, die Pastis, Weißbrot und kräftig mit Knoblauch gewürzte Speisen schätzen. Im Rinnstein krümelte die Hinterlassenschaft von Yapper vor sich hin, dem hässlichen Dackel der Zwillinge, der immer mit einem Püppchen aus rosa Strick im Maul durch die Gegend lief. Und aus der offenen Tür von Brunos Bar quoll der Gestank von Zigaretten und Rotwein. Filou wechselte vom Trab in den Galopp, fetzte an einem nach Maschinenöl riechenden alten Damenfahrrad vorbei und bog in die Rue des Fleurs ein.

Hier war die Pforte zum Paradies: links der Metzger, rechts der kleine Supermarkt und dazwischen das Maison de la Presse und das Café. Und dort, direkt vorm Café, ging jeden Tag die Sonne auf. Sie hieß Isabelle.

Nun, die wirkliche Sonne war noch damit beschäftigt, den Himmel sanft zu röten, bevor sie sich über den Roche du Diable wälzte, den Felsen, der über Beaulieu thronte. Aber für Filou war Isabo die aufgehende Sonne, das Mädchen, das jeden Morgen, bevor die Gäste kamen, die Tische und Stühle vorm Café putzte. Als sie ihn sah, ging sie in die Hocke.

»Filoufiloufiloufilou!«

Filou stellte den Schweif auf und zeichnete mit der Schwanzspitze eine Arabeske in die warme Luft. Dann lief er auf sie zu. Sein Engel mit den dunklen Zöpfen lachte ihm entgegen, hob ihn hoch, vergrub die Nase in seinem Fell und flüsterte Kosenamen. »Du Schöner! Du braver Kerl! Du mein Liebster!« Filou brummte vor Vergnügen, als sie ihn auf den Rücken drehte und seinen Bauch kraulte. Das kitzelte! Aber es war wunderbar.

Endlich setzte sie ihn ab. Er schüttelte sich, brachte seinen glänzenden rostroten Pelz mit ein paar kräftigen Zungenstrichen wieder in Form und trabte davon. Jetzt fühlte er sich erfrischt und entspannt, bereit für den Höhepunkt seiner morgendlichen Patrouille. Aufrecht und kühn ging er ihm entgegen.

Seine Truppen waren bereits aufmarschiert. In Reih

und Glied standen sie vor dem Metzgerladen, Minou und Mimi und die anderen. Filou stellte den Schweif wie eine Standarte auf und bauschte ihn, sodass er fast so breit war wie er selbst. Nur an der Spitze drehte er ihn leicht ein, ein Zeichen der Bescheidenheit.

Denn er hatte ja ganz zweifellos den schönsten, den größten, den prächtigsten Schwanz von ganz Beaulieu.

Er sah mit Genugtuung, dass sie ihm alle fast demütig den Vorrang ließen. Mit Würde nahm er seine Position vor der Tür ein und leckte sich das Maul. Gleich würde sie sich öffnen. Gleich würde Monsieur Boudin heraustreten, die Delegation begrüßen und ihnen allen seinen Segen erteilen.

Filou hörte ein tiefes Knurren. Er drehte sich ein wenig zur Seite und suchte unauffällig nach dem Missetäter. Garibaldi, einer der vier großen schwarzen Kater, der in einem legendären Kampf mit einem Wiesel ein Auge eingebüßt hatte, duckte sich, legte die Ohren an und zeigte die Zähne. Das imponiert mir gar nicht, dachte Filou und plusterte sich auf, um noch ein wenig größer zu wirken. Doch dann begann ein zweiter Kater zu knurren und mit dem Schwanz zu peitschen. Filou spürte Bewegung um sich herum, fühlte die Unruhe wachsen. Da hieß es, Autorität zeigen.

Er stellte sich auf, mit dem Hinterteil zur Tür der Metzgerei, Schweif und Fell auf Maximum gesträubt. »Hat hier jemand was zu sagen?«, begann er. »Wenn nicht, dann …«

Hinter ihm öffnete sich die Tür. Alle Katzen sprangen auf und rückten näher. Und in diesem Moment passierte das Malheur – er wusste selbst nicht, wie es dazu kam, es war, als ob ihm sein gesträubter Schwanz den Befehl dazu gegeben hätte: Ihm entwich ein feiner Nebel von Körperflüssigkeit, den sein Schweif fächelnd verteilte. Und zwar auf die Hosenbeine des Metzgers.

ZWEI

D er Metzger brüllte ...
»Wach auf, du Penner!«
... schrie und keifte ...
»Wird's bald, du Faulfell!«
... tobte und fluchte ...
»Jetzt reicht's mir aber, du Versager!«
... sodass Filou vor Schreck vom Fass fiel, seinem Schlafplatz im Keller des Abrisshauses in der Rue Basse, wo er mit seiner Pflegemutter Lucrezia hauste. Die starrte ihn mit gesträubtem Nackenfell und zusammengekniffenen Augen an. »Es wird bald dunkel! Du glaubst wohl, du könntest den ganzen Tag verpennen?«

Filou wusste nicht, wie ihm geschah. Eben war er noch der Liebling Beaulieus gewesen und nun ...

»Das könnte dir so passen!« Sie gab ihm eins hinter die Ohren. »Ich habe Hunger!«

»Natürlich«, murmelte er schlaftrunken. »Sicher. Gleich.«

»Sofort!« Diesmal traf sie seine Nase. Filou schrie erschrocken auf. »Und gib nicht immer Widerworte!«

Mit gesträubtem Pelz sauste er zum Kellerfenster, sprang aufs Fenstersims und hinunter auf die Straße, wo er beinahe vor der Schnauze von Yapper, dem Dackel, gelandet wäre. Der glotzte ihn an, als ob er ernsthaft überlegte, sein rosa Strickpüppchen fallen zu lassen, um dies Geschenk des Himmels besser um den Block jagen zu können. Aber Filou war schon auf und davon.

Er der Liebling von Beaulieu? Nur im Traum. Und selbst der hatte als Albtraum geendet. In der tristen Wirklichkeit verteilte der Bäcker Fußtritte und der Metzger Flüche, wenn sich eine der Katzen vor dem Geschäft blicken ließ. Und Isabelle war schön und schüchtern und würde sich niemals trauen, während der Arbeitszeit einen roten Streuner zu kraulen.

Obwohl der Frühling bereits begonnen hatte, war das Wetter an diesem Tag genauso trübe wie Filous Stimmung. Er schlich am Kriegerdenkmal vorbei und wünschte sich, er könnte sich im umzäunten Gärtchen zu Füßen des Monuments unter den Lavendel verkriechen und weiterschlafen. Schlafen und träumen. Am liebsten Träume, die gut ausgingen.

Traurig trabte er die Rue des Fleurs hoch zum Markt. Dort räumte man bereits zusammen. Der Fischstand war schon von sämtlichen Katzen der Umgebung umlagert, die einander eifersüchtig belauerten. Jeder wollte der Erste sein, wenn Monsieur die Reste verteilte. Minou, die große Weiße mit den blauen Augen, die behauptete, eine Heilige aus Birma zu sein – na, höchstens zu einem Achtundachtzigstel, wie Lucrezia zu spotten pflegte. Mimi, schwarz mit weißen Söckchen, auf die sie so stolz war, dass sie auf den Zehenspitzen ging. Mignon mit dem verfilzten grauen Fell – das seien Dreadlocks und total angesagt, behauptete sie. Und die vier schwarzen Riesen, die alle anderen zu terrorisieren pflegten.

Monsieur war berühmt für seine Freigebigkeit. Immer verteilte er den übrig gebliebenen Fisch am Ende des Markttags, wenn die Kunden gegangen waren und er seinen Verkaufsstand gereinigt hatte, weshalb mittwochs Katzen aus der ganzen Umgebung angepirscht kamen.

»Ach, da ist er ja, unser Kleiner, der schönste Kater weit und breit«, zischte Mignon, als Filou versuchte, sich nonchalant neben sie einzureihen. Er neigte unterwürfig den Kopf zur Seite und bot ihr an, ihr das Gesicht zu lecken. Dafür kassierte er die erste Ohrfeige.

»Unser süüüüßes Kätzchen«, schnurrte Minou grinsend, während sie an ihm vorbeitänzelte. Dann zog sie ihm die Krallen über die Flanke. Und so ging das weiter, wo auch immer er Anschluss suchte.

»Bild dir bloß nichts ein, Freundchen.« Mimi, die offenbar kaum noch ausging, seit sie schwanger war, sonst wären ihre Krallen nicht so furchterregend lang. »Dich braucht niemand, verstehst du.«

Ausgerechnet Mimi, die eine räudige Straßenkatze gewesen war, bevor ein paar Touristen sie aufgelesen und ihr bei der Auberge Fleuri eine Lebensstelle als Mauserin organisiert hatten! Seitdem hatte sie das Mausen natürlich nicht mehr nötig. Und wozu waren die vier schwarzen Kampfkater gut, die den ganzen Tag durch den Ort stolzierten, um hier ein Häppchen abzugreifen und dort ein Schwätzchen zu halten und sich mit ihren Heldentaten zu brüsten?

Magnifico, Diabolo, Maurice und Garibaldi: »Groß, schwarz, stark – mehr Kater braucht es nicht«, pflegten die vier Brüder zu sagen. »Also mach dich schlank, Kleiner.«

»Hier! Komm, mein Schöner!« – der Monsieur. »Ja, du! Mit dem feinen roten Fell und den grünen Augen!« Er hielt einen Fisch in der Hand, eine ganze silbrig glänzende Sardine, die er aufreizend hin und her baumeln ließ. Filou versuchte kopflos, nach vorne zu stürmen. »Er meint mich! Lasst mich durch!«

Magnifico knallte ihm eine. Mimi biss ihn ins Ohr. Diabolo trat ihm auf den Schwanz. Minou zog ihm die Krallen durchs Gesicht. Mignon fauchte ihn an. Trotzdem kämpfte er sich vor, ließ sich von Monsieur den Kopf tätscheln, stellte sich wie ein ganz besonders lieber kleiner Kater auf die Hinterpfoten und tatzte nach der Sardine, bis Monsieur sie ihm endlich überließ. Doch als er mit stolz erhobenem Haupt davontraben wollte, rempelte Garibaldi ihn an. Maurice boxte ihm in die Seite. Diabolo stellte ihm ein Bein. Und dann fiel die ganze Meute über ihn her. Von der Sardine blieb nur ihr Duft zurück.

Geschlagen und mit knurrendem Magen hinkte Filou davon. Im Abfall hinter dem Käsestand erwischte er gerade noch ein paar harte Rinden. Müde trottete er nach Hause, um sich die wohlverdienten Prügel von Lucrezia abzuholen. Er hatte es wieder nicht geschafft zu tun, was man von ihm erwarten durfte.

»Wie siehst du denn aus?« Lucrezia lag auf ihrer Kohlenkiste, hatte das rechte Auge einen Spalt weit geöffnet und musterte ihn. »Wo hast du dich wieder herumgetrieben? Mitgebracht hast du mir auch nichts«, brummte sie. »Dabei bin ich wie eine Mutter zu dir.« Sie gähnte und öffnete das andere Auge. »Gibt es denn keine Dankbarkeit mehr heutzutage?«

Filou wartete mit gesenktem Kopf auf eine weitere ihrer Tiraden, aber sie hatte ihm bereits den Rücken zugedreht, streckte sich, zupfte den Sack, auf dem sie lag, zurecht, rollte sich zusammen und war wieder eingeschlafen. Erleichtert schleppte er sich zu seinem Platz auf dem Weinfass und sprang mit letzter Kraft hinauf. Fast wäre er auf der anderen Seite gleich wieder heruntergerutscht. Er ließ sich auf die rechte Flanke fallen, die am wenigsten schmerzte, und begann, behutsam sein verschmutztes und verklebtes Fell zu bearbeiten.

Was glaubst denn du, wie ich wieder aussehe?, hätte er am liebsten zurückgeknurrt. Wie immer! Wie immer nach einem Markttag, auf dem ich etwa fünfhundertunddreiundsechzigmal geohrfeigt, dreihundertundneunundvierzigmal gebissen, zweihundertundzwölfmal gekratzt und mindestens tausendfach verjagt wurde – so, wie sich das anfühlt, dachte er und fuhr mit der Zunge vorsichtig über die Stelle, an der Minou ihn erwischt hatte.

Warum sorgte Luc nicht auch mal selbst für sich? Fürs Anschnauzen hatte sie sich noch nie zu alt oder zu schwach gefühlt. Und auch für ein paar Ohrfeigen war sie biegsam genug, obwohl sie es doch in den Gelenken hatte. Und im Rücken. Und an der Hüfte.

Er stöhnte leise, als er sich mit der Pfote über Kopf und Ohren fuhr. Ihn schmerzte es heute überall.

Wenigstens hatte Lucrezia ihm nicht auch noch eine verpasst – ein unverhofftes Glück im Unglück. Man musste auch für kleine Lichtblicke dankbar sein. Filou seufzte, rollte sich zusammen, legte die linke Pfote über beide Augen und lauschte seinem knurrenden Magen. Morgen war auch noch ein Tag.

DREI

Als er aufwachte, war Lucrezia verschwunden. Er war so erleichtert darüber, dass er sofort ein schlechtes Gewissen bekam. Schließlich hatte sie ihm das Leben gerettet, damals, als er verloren neben seiner Mutter hockte und nicht verstand, warum sie im Straßengraben lag, warum ihr Fell nass und schmutzig war, warum sie nicht blinzelte, als er ihr das Gesicht leckte, warum sie sich nicht rührte, als er sie anstupste, warum ihm kalt war, obwohl er sich an sie kuschelte, warum sie nicht schnurrte, als er ihre Zitzen mit weichen Pfoten knetete.

Filou dachte voller Sehnsucht an Zsazsa. An ihre starke Zunge, an ihre zärtlichen Bisse, an ihr warmes glänzendes Fell, an ihr beruhigendes Schnurren und Brummen. Er war ihr Einziger gewesen. Sie hatte ihn geliebt, geleckt, verwöhnt, hatte ihn gesäugt und mit ihm gespielt. Vorbei. Das Paradies war gestern. Und es gab keine Rückkehr.

Endlich rappelte er sich auf, hechtete zum Fenstersims hoch, überprüfte, ob die Luft rein war, und sprang hinunter auf die Rue Basse. Mit schwerem Kopf trabte er um die Ecke in die Ruelle des Camisards. Das Geräusch hinter ihm erwischte ihn völlig unvorbereitet. Unter einem Stakkato von Explosionen näherte sich ein schwarzes Ungetüm. Mit einem Satz ausgerechnet auf die oberste Stufe der Treppe, die zum Haus von Yapper und den Zwillingen führte, rettete er sich vor dem knatternden Motorroller, der in einem Wahnsinnstempo die Ruelle hochschrubbte. Auf dem Sitz der Höllenmaschine saß, wie ein grimmiger Rabe, der alte Stinker. Den mochte niemand, der eine Nase hatte, weil er schon von weitem nach Zweitaktergemisch, Zwiebeln und nassem Hund roch.

Filou versuchte, den Gestank zu ignorieren, und trabte weiter, über die Grande Rue, auf der ihn fast ein wild gewordener Rollstuhlfahrer erwischt hätte. Mit hängender Rute schlich er an der Bank vorbei, auf der sonntags die alten Männer saßen und den Petanquespielern zuguckten. Ein Rüchlein von Mottenkugeln und Pfeifentabak wehte ihn an.

»Heul nicht, Kleiner«, hatte Luc gesagt, als sie ihn kurz vor dem Hungertod aufgelesen hatte, allein neben seiner toten Mutter im Straßengraben, verzweifelt schreiend. »Reiß dich zusammen und komm mit.« Und dafür musste er ihr auf ewig dankbar sein, auf immer und ewig. Und er durfte sich auch nicht beklagen, wenn sie ihn knuffte und puffte oder über Zsazsa herzog, die irgendwie alles falsch gemacht hatte bei seiner Erziehung.

»Noch nicht mal das Mausen hat sie dir beigebracht«, hatte Luc schon damals geschimpft und ihm unwillig den Unterschenkel einer verunglückten Taube überlassen. »Deine nutzlose Mutter.« Nur einmal, ein einziges Mal, als sie ihn wieder beschimpft hatte und Zsazsa für seine traurige Existenz verantwortlich machte, hatte er nicht gleich den Kopf und den Blick gesenkt und sie stattdessen fordernd angesehen. »Und mein Vater?« Er stellte sich

Magnifico vor. Oder Maurice. Beide groß, breit, schwarz und stark.

»Dein Vater?« Lucrezia hatte vor Lachen einen Hustenanfall bekommen und »Du hast die Wahl!« gekrächzt, als sie wieder sprechen konnte. »Choucroute der Blinde, Zorro der Dreibeinige, Momo der Schwanzlose. Einer schöner als der andere.« Er war davongelaufen, hatte noch von weitem ihr Meckern gehört und sich unendlich verlassen gefühlt.

Noch heute konnte er nicht an die Szene denken, ohne dass sich seine Ohren anlegten. Traurig trabte er am Kriegerdenkmal vorbei, das einen Anblick bot, der zu seiner trostlosen Stimmung passte. Abweisend der große Obelisk, grau und struppig die Lavendelbüsche zu seinen Füßen. Es war ein Grabmal der besonderen Art. Er wusste zwar nicht genau, wer dort begraben lag. Aber auf dem grauen Stein waren viele Namen eingemeißelt, bekannte Namen von Familien hier im Dorf, ein Tourist hatte sie einmal laut vorgelesen: Grospierres. Balazuc. Champetier. Morts pour la Patrie, was immer das bedeutete. Jedenfalls waren sie tot. Tot wie Zsazsa.

Es stimmte, er hatte noch nie eine Maus gefangen. Das hatte Zsazsa für ihn erledigt, stets brachte sie ihm die allerherrlichsten Mäuse mit, kleine pelzige Leckerbissen, die sie mit der Tatze gut durchgewalkt hatte, damit sie zarter waren. Und dann hatte sie mit mütterlichem Stolz zugeschaut, wie er die Maus in die Luft warf und auffing, wieder und wieder und sie endlich vertilgte. Nur die Galle, den Schwanz und die Krallen ließ er auf ihr Geheiß zurück.

»Du wirst ein großer Jäger werden«, hatte sie geschnurrt und war ihm mit der Zunge durchs Gesicht gefahren. »Aber noch nicht jetzt. Noch bist du viel zu klein. Und du hast ja deine Maman.«

Sie hatte ihn zärtlich Joli genannt. Hübscher. Manchmal wünschte er, sie hätte ihm mehr mitgegeben als Kosenamen. Er ließ die Ohren hängen, während er hinter dem Kriegerdenkmal in eine Ligusterhecke schlüpfte. Luc hatte recht. Zsazsa hätte ihm besser rechtzeitig das Mausen beigebracht. Jetzt war es zu spät. »Was Hänschen nicht lernt, lernt Hans nimmermehr«, pflegte Lucrezia abschätzig zu sagen. »Das hast du nun von so viel Mutterliebe.«

VIER

Ob er nicht doch einmal wieder das Mausen üben sollte? Er ließ sich von den Dornen des Ligusters das Fell kämmen und zausen und legte sich in der Hecke auf die Lauer. Mit dem Kopf auf den Pfoten horchte er auf das Fiepen oder Trappeln einer Maus. Darüber schlief er ein.

Ein Rascheln direkt hinter ihm holte ihn aus einem unruhigen Schlaf. Er zuckte erschrocken hoch und kroch tiefer ins Gebüsch. Das war natürlich die ganz und gar falsche Reaktion, wenn man ein großer Jäger werden wollte. Er nahm seinen ganzen Mut zusammen, drehte sich vorsichtig um und spannte die Muskeln zum Sprung. Zsazsa hatte sich dabei immer ganz flach auf den Boden gepresst und mit den Hinterpfoten ein wenig eingegraben, um besser abspringen zu können, hatte den Hals lang gemacht, das Beutetier angepeilt, und dann ...

Es raschelte erneut. Wie ein Pfeil schoss Filou los, überschlug sich einmal, kam verwirrt und mit schmerzendem Kopf wieder auf die Pfoten und wusste ein paar Sekunden lang nicht, wo er war. Klar war nur, dass er sein Ziel gründlich verfehlt hatte. Denn als er sich umdrehte, hockte da ein schwarzes Etwas und schaute ihn aus runden Knopfaugen an. Das Amseljunge hatte den Kopf eingezogen und die Flügel ein wenig ausgebreitet, als ob es sagen wollte:

»Sorry, ich kann auch nichts dafür, aber du hattest entschieden zu viel Schwung.«

Filou spitzte die Ohren und betrachtete das Kleine. Es zitterte. Es hatte sicher die Mama verloren, genau wie er. Es war allein, es hatte Hunger, es fror. Es tat ihm unendlich leid.

Vorsichtig zog er sich zurück, um das Amselchen nicht zu erschrecken, Pfote um Pfote, im Rückwärtsgang.

Und dann hatte er die zänkische Stimme Lucrezias im Ohr. »Das ist doch wieder typisch! Aus dem Nest gefallene Vögel sind zum Essen da und kein Fall für Gefühle! Und außerdem – was wirst du mir mitbringen, wenn du nach Hause kommst? Na?«

Nichts. Wieder nichts. Dabei brauchte Lucrezia seine Hilfe! Sie war alt, vielleicht schon zehn Jahre alt, eine Veteranin der Katzengemeinde von Beaulieu, wie sie betonte. Außerdem war sie halb blind und hatte es an der Hüfte. Und an der Galle, weshalb er ihr mit alten Abfällen gar nicht erst kommen durfte. Auch nicht mit Käserinden und Hühnerknochen: die Zähne! Die waren eben nicht mehr so scharf wie früher. Nichts war mehr wie früher, alles ging den Bach runter und würde böse enden. Wenn man Luc so reden hörte, bekam man Angst vor der Zukunft.

Filou hatte viel zu oft Angst – und wenn er ehrlich war, fürchtete er sich am meisten davor, wieder allein zu sein. Sicher, Luc war nicht gerade jemand, dem Nähe wichtig war. Kuscheln mit ihr? Als er es das erste Mal versuchte, hatte sie ausgeholt und ihm die Krallen über die

Ohren gezogen, man sah jetzt noch die Kerbe. Spielen? Ganz zu Anfang hatte sie die Ohren gespitzt, als er nach ihr getatzt hatte, und Anstalten gemacht, mit ihm zu raufen. Doch dann hatte sie »Sei nicht kindisch« gezischt, sich umgedreht und weitergeschlafen. Nun – wenigstens war da jemand, den er schnarchen hören konnte, wenn er wieder einmal hungrig und erfolglos nach Hause kam.

Leider schnarchte sie nicht immer. Oft war sie auch wach. Und wenn er nicht wenigstens einen Fischkopf dabei hatte, den der Monsieur ihm manchmal mitleidig zusteckte, während die anderen sich um die besseren Stücke balgten, oder ein Stückchen Schinken, das einem Touristen aus seinem belegten Baguette gefallen war, dann konnte er etwas erleben.

Filou befreite sich aus der Ligusterhecke, hinter der eine ungepflegte Rasenfläche lag. Ein paar Spatzen stiegen lärmend und schimpfend auf, als er vorbeischlurfte. Und schon stand er vor der nächsten Hecke. Steinlorbeer, immergrün und duftend und ohne die Stacheln des Ligusters. Er suchte nach einem bequemen Einstieg und lugte durch die Hecke. Hinter ihr lag der nächste Garten, in dem es duftige Sträucher und schattenspendende Bäume gab. Und am Rande dieses Gartens, auf einer Terrasse vor dem Haus, erblickte er etwas, das eine himmlische Erscheinung sein musste. Oder eine Fata Morgana.

Es leuchtete, es lockte, es schien ihm zuzublinzeln. Er stieg vorsichtig durch die Hecke, ließ sich das Fell von den glänzenden grünen Blättern des Steinlorbeers streicheln und gelangte endlich auf eine samtweiche, vom Morgentau feuchte Wiese, die seinen Pfoten schmeichelte.

Mit angehaltenem Atem hockte er sich hin und konnte nicht fassen, was er sah. Auf der Terrasse vor dem mächtigen Steinhaus stand ein Tisch. Und von diesem Tisch leuchtete und strahlte es herüber, blendete, winkte, lockte ihn. Ein überirdisches Weiß, cremefarben wie schmelzende Butter. Ein Morgenröterot wie zarter Schinken, ein Butterblumengelb wie köstlicher Käse, ein warmer goldener Schimmer wie ein frisches Baguette.

Und dann fielen zu den Farben die Gerüche wie zärtlicher Südwind über ihn her. Das war kein Traum, geboren aus Hunger und Not. Es war alles wirklich, es war alles da, alles, was das Katzenherz begehrte, und es wartete nur auf ihn. Er traute sich kaum vor, fürchtete plötzlich, dass der Käse, der Schinken, die Butter, das Brot Flügel bekämen und sich ärgerlich kreischend erhoben und von dannen flögen. Und lagen da nicht eine Jacke und eine Zeitung auf dem Stuhl, die zu einem Menschen gehörten?

Doch sein Magen interessierte sich nicht für kleinliche Bedenken und schickte ihn vorwärts. Vor dem Tisch zögerte er, aber nur kurz, dann schnellte er hoch und landete sauber auf der Tischkante. Ihm gingen die Augen über.

Er konnte sich unmöglich entscheiden. Dabei musste er sich entscheiden, und zwar schnell! Wer wusste schon, wie lange das Wunder anhielt? Da war der Schinken, der mit einem saftigen Fettrand lockte. Der Käse rief nach ihm mit einem starken, süßen Duft, der seine Barthaare in Schwingungen versetzte. Was sollte er nehmen? Was

mit nach Haue bringen? Er musste doch auch an Lucrezia denken!

Du kannst dir hier nicht einfach so die Wampe vollschlagen, ermahnte er sich. Denk an deine Aufgabe! Denk an deine Pflichten!

Und wenn er sich ein Stückchen Schinken sicherte und in einer freundlichen Ecke in aller Ruhe verspeiste? Und dann wiederkäme, um den Käse mitzunehmen? Luc liebte Käse, »Kalzium, Kleiner, das ist gut für meine morschen Knochen. Und die alten Zähne können das noch beißen«, hatte sie geächzt, als er es einmal mit einem köstlich duftenden Fund aus einem Müllbeutel versucht hatte, den die Hunde aufgerissen hatten.

Ihr gelassener Ton hätte ihn misstrauisch machen müssen. Denn blitzschnell gab sie ihm einen Nasenstüber. »Aber diese stinkende harte Käserinde kannst du selber futtern, hörst du?«

Sie war ungerecht. Er hatte doch getan, was er konnte. Denn natürlich hatten sich die Hunde bereits das Beste gesichert. Zugegeben – die Käserinde hatten auch sie verschmäht.

Filou zögerte noch immer, hin- und hergerissen zwischen dem Fressen und der Moral. Deshalb spürte er die Gegenwart des Menschen erst, als es zu spät war. Es war ein Mann. Er kannte Männer, die schrien immer gleich, drohten, traten, scheuchten. Aber der hier blieb ganz ruhig stehen. Doch er betrachtete ihn.

Und das war so gut wie eine Kampfansage. Filou drehte den Kopf weg und sammelte alle Kraft für einen möglichst flotten Abgang. Aber er musste etwas mitnehmen. Er konnte nicht schon wieder nach Hause kommen, ohne Luc etwas mitzubringen.

»Der erste warme Tag, an dem man draußen frühstücken kann, und schon gibt's Besuch«, sagte der Mann. »Dich hat wohl der Schinken gelockt?« Er trat einen Schritt näher. »Du bist zwar ein hübsches Kerlchen, aber auf meinem Frühstückstisch hast du nichts zu suchen. Also …«

Filou sammelte alle seelische und körperliche Kraft, fuhr mit dem Kopf herum und schnappte zu.

FÜNF

Er wollte mit einem eleganten Satz vom Tisch springen und sich davonmachen. Stattdessen hätte er fast das Gleichgewicht verloren. Denn er hatte nicht den Käse, sondern eine viel größere Beute erwischt. Seine Zähne hatten sich ins Ficelle verirrt, und er verdankte es nur seiner Panik, dass er es schaffte, das elend lange Ding Richtung Gebüsch zu zerren. Kurz durchzuckte ihn der Gedanke, dass er das Brot nie im Leben am Stück zurück in den Keller würde schleppen können. Außerdem aß Luc Brot nur im Notfall: die Zähne. Und das fehlende Kalzium.

»He!«, rief der Mann. »Mein Frühstück!«

Doch Filou hatte sich bereits in die Hecke hineingekämpft, die Zweige und Blätter legten sich schützend um ihn, nur sein roter Schweif hing noch draußen – und mindestens zwei Drittel des ellenlangen Brotes. Er drehte sich um und zog und zog, obwohl er damit rechnen musste, dass ihm seine Beute wieder entrissen wurde.

Doch der Mann machte keine Anstalten, ihm zu folgen oder gar nach dem Brot zu greifen. Er gab vielmehr ein Geräusch von sich, das Menschen machen, wenn sie etwas lustig finden. Der Mann lachte und lachte und lachte.

Filou aber fand das alles überhaupt nicht komisch. Er

hockte völlig außer Atem in der Steinlorbeerhecke und stellte strategische Überlegungen an. Das Brot musste zerteilt werden, damit es leichter zu transportieren war. Danach musste er sich ein paar gute Argumente für Luc ausdenken. Doch er hatte keine Ahnung, welche gesundheitsfördernden Eigenschaften man französischem Weißbrot andichten konnte. Gut für die Zähne war es gewiss nicht. Aber half es vielleicht gegen schlechte Laune?

Eins nach dem anderen, ermahnte er sich. Als Erstes musste er das Ficelle handlich machen. Er würde es durchbeißen müssen, selbst wenn er dabei die Hälfte essen musste. Er biss mitten hinein in das golden gebackene Brot. Es krachte, wie Mäuseknochen, nur trockener. Und es schmeckte köstlich.

Er biss und zerrte und kaute und schluckte, bis sein Kopf ganz schwer war. Nur für ein kleines Weilchen legte er ihn auf die Pfoten, zwischen die beiden Kanten, die vom Ficelle übrig geblieben waren.

Nach einigen Stunden wachte er von heftigen Bewegungen in seinen Gedärmen auf. Hastig kroch er aus der Hecke in den Nachbargarten und erleichterte sich in einem Kasten mit feinstem Sand, den die Bewohner neben eine Kinderschaukel platziert hatten. Man dachte hier offenbar auch an die Bedürfnisse von Katzen, dachte Filou dankbar. Dann trabte er zurück zur Hecke, nahm den einen der beiden Brotkanten zwischen die Zähne und machte sich auf den Weg zurück zum heimischen Keller.

Als Zsazsa noch für ihn sorgte, wohnten sie auf einem

lichten Dachboden in einem Kinderwagen, in dem auf weichen Kissen eine Plastikpuppe gelegen hatte, bis Zsazsa sie beiseiteschob, damit Platz war für sie und ihn.

Luc hielt schon das für einen Fehler. »Verwöhnt hat sie dich. Verpimpelt. Bei mir gibt's das nicht!«

In der Tat. Luc lebte in einem finsteren Loch – in einem in den Fels gehauenen Keller unter einem leerstehenden Haus. Oben hausten Fledermäuse, unten Skorpione. Wenn es regnete, quoll die Nässe aus dem Felsen und verwandelte den Raum in einen Eiskeller. Außer modrigem Stroh, ein paar bleichen Schafsknochen, einer verrosteten Schaufel und zwei ausrangierten Weinfässern gab es nichts da unten – halt, doch: den Thron, auf dem Luc zu ruhen pflegte, eine mächtige Kohlenkiste, auf deren Deckel sie sich aus Lumpen ein Nest gebaut hatte.

Nun, es war nicht gemütlich, aber wenigstens eine Art von Zuhause, dachte Filou und machte sich flach, als er sich in der Ruelle des Camisards seinem persönlichen Ort des Schreckens näherte. Der Schrecken wohnte hinter einem Gartenzaun aus kräftigem Drahtgitter und hatte ihn bereits gewittert: Der schwarze Dobermann warf sich knurrend gegen das Gitter. Geifer spritzte aus dem spitzen Maul mit den gefletschten Zähnen. »Lasst mich dieses rote Miststück greifen und zerfleischen«, schien sein heiseres Bellen zu sagen.

»Du kannst mir gar nichts«, murmelte Filou und trabte tapfer weiter. Aber die Angst senkte sich mit Eiseskälte in sein Herz. Eines Tages würde das Gartentor offenstehen. Eines Tages wäre da ein Loch im Zaun. Eines Tages käme der Hund in einem Riesensatz über den Zaun geflogen. Eines Tages stünde er vor ihm.

Und dann Ende Gelände, dachte Filou, bog um die Ecke und bremste abrupt.

Vor ihm lauerte schon die nächste Gefahr. Die Zwillinge. Maxim und Manon, Herrchen und Frauchen von Dackel Yapper. Die Kinder der Schneiderin. Der Schrecken der Straße. Und es gab keine Fluchtmöglichkeit. Vorsichtig näherte er sich den beiden, die oben auf der Treppe ihres Hauses saßen, des einzigen Hauses in der finsteren Gasse, das frisch verputzt war und leuchtend rot gestrichene Fensterläden hatte. Sie schienen irgendetwas zu ihren Füßen zu betrachten und hin und her zu schubsen. Das erinnerte ihn an einen der schlimmsten Momente seines jungen Lebens.

Zsazsa hatte ihm Vertrauen in alle Kreaturen beigebracht – und ihn gelehrt, dass sogar Bienen und Hornissen seine Freunde sein konnten, wenn er nicht nach ihnen schlug. Menschen, insbesondere kleinen, sollte er sich freundlich und zutraulich nähern. Daran hatte er sich auch bei den beiden Kindern gehalten, als er ihnen das erste Mal begegnet war.

Sie hatten »Minouminou!« gerufen und ihm ihre kleinen schmutzigen Hände hingehalten. Vertrauensvoll war er zu ihnen gelaufen. Als er nah genug war, hatte Maxim ihn am Schlafittchen gepackt, sodass er sich nicht rühren konnte, und ihn hoch gehalten. Als er hilflos über dem Bordstein hing, sah er, womit sie gespielt hatten: mit einem zitternden, halbtoten Mauersegler. In diesem Moment wusste er, er sollte das nächste Opfer sein. Wenn Zsazsa damals nicht herangeschossen wäre, ein fauchendes, wütendes Etwas mit weit ausgefahrenen Krallen, die sie Maxim ins erschrockene Gesicht zu schlagen drohte, wäre er gewiss einen schrecklichen Tod gestorben.

Solange sie noch lebte, hatten die beiden Teufelsbraten Zsazsa rachsüchtig verfolgt. Und danach ihn, wann immer sie ihn sahen.

Jetzt hatten sie ihn gesehen.

»Guck mal!«, rief Manon. »Die kleine rote Flohfalle!«

»Was hat denn das räudige Vieh im Maul?« – Maxim.

»Brot! So ein Dieb! Fang ihn!«

Und wieder rannte Filou um sein Leben.

SECHS

Er raste durch die enge Gasse, sprang todesmutig über eine hohe Mauer, was er in nüchterner Verfassung nie gewagt hätte, sauste eine Treppe hoch und landete vor der Kirche. Fast wäre er in eine Gruppe von schwarz gekleideten Menschen geraten, die vor dem Portal standen. Er schlüpfte unter eine Schubkarre, auf der Blumen und Kränze lagen, und wartete, bis die Menschen einer nach dem anderen in der Kirche verschwunden waren.

Ausgerechnet jetzt begann es zu regnen. Dennoch verließ er sein schützendes Plätzchen unter der Schubkarre; gewiss hatte er die beiden Kinder abgehängt – und Luc wartete sicher schon. Doch es regnete immer stärker. Wassermassen stürzten vom Himmel. Binnen kurzem war er bis auf die Haut durchnässt. Tropfnass flüchtete er auf den Friedhof, dort standen Bäume, unter denen es vielleicht noch trocken war. Doch nicht nur er, auch das Brot in seinem Maul war durchweicht und begann, sich aufzulösen. Hilflos versuchte er, wenigstens einen Brocken im Maul zu behalten, aber der Rest des Ficelle zerfloss wie ausgeflockte Sahne.

Endlich fand er ein trockenes Plätzchen unter dem vorkragenden Dach einer Familiengruft, wo er sich ausstreckte und den Himmel nach einer Wolkenlücke absuchte. Der Regen schien nachzulassen. In der Ferne donnerte es. Und wie ein Echo läuteten die Glocken der Kirche. Aber sie klangen ganz anders als sonst. Zwei von ihnen, die eine etwas höher als die andere, ergänzten einander zu einem getragenen, melancholischen Duett, das ihn ganz weich und wehmütig stimmte.

Ich will meine Mama, dachte Filou. Oder wenigstens nach Hause. Wieder sprang er aus der Deckung und lief, obwohl er kaum etwas sah im Regen, schnurgerade Richtung Heimat. Und dann passierte es. Er stolperte über etwas, das auf dem Friedhofsweg lag, eine Schaufel, dachte er noch, bevor er sich überschlug. Er fing sich wieder, wollte weiterlaufen – und fiel. Tief, tief hinab.

Er landete auf allen vieren in feuchtem, weichem Boden. Verzagt schaute er nach oben. Über ihm, hoch über ihm, hockte der graue Himmel. Um ihn herum ragten steile Erdwände. Ausweglos.

Als er seine Lage erkannte, ergriff ihn eine wilde, nicht zu kontrollierende Panik. Raus, hämmerte es in seinem Kopf. Er versuchte, die Wände hochzuspringen. Grub sich mit den Krallen in die weiche Erde, kletterte ein Stück hoch, rutschte wieder ab, versuchte es erneut, bis zur Erschöpfung.

Irgendwann rollte er sich in einer Ecke zusammen, ins Schicksal ergeben. Er war gefangen. Er würde niemals mehr nach Hause zurückkehren, in seinen Keller, der ihm plötzlich warm, freundlich und rundum einladend vorkam.

Er musste erschöpft eingedämmert sein, jedenfalls weckte ihn ein monotones Gemurmel. Ein Glöckchen ertönte. Und dann senkte sich ein Dufthauch über ihn, den er kannte. So roch es aus der Kirche, wenn die schwere Tür offen stand und man hineinschauen konnte in das unheimliche Gebäude, in dem dunkel gekleidete Menschen düstere Lieder sangen.

Es hatte offenbar aufgehört zu regnen, denn über seinem Gefängnis sah er blauen Himmel und weiße Wölkchen. Doch dann verdüsterte sich das helle Rechteck über ihm, ein dunkler Schatten schwebte herab, der den Schacht schließlich ganz und gar ausfüllte. Es wurde finster. Und dann begriff er. Da oben über seinem Kopf schaukelte eine schwere Holzkiste, die würde immer näher kommen, immer näher, bis sie schließlich am Boden angelangt war. Und dort hockte ein kleiner roter Kater, zitternd vor Angst. Die Kiste würde ihn zerquetschen.

Filou legte alle Kraft in einen letzten, machtvollen, durchdringenden Schrei, ohne große Hoffnung. Doch das Wunder geschah: Das dunkle Verhängnis über seinem Kopf schwankte noch ein wenig und stand dann still.

Von oben hörte er Stimmen, gedämpft zwar, aber sie klangen nach ärgerlichen Männern, erregten Frauen, bettelnden Kindern. Endlich bewegte sich das bedrohliche Ding wieder, es glitt mit quälender Langsamkeit nach oben, wurde zur Seite gezogen und gab den Blick auf Menschenköpfe frei, die sich über den Rand der Grube neigten.

»Da!« Eine helle Frauenstimme. »Um Himmels willen! Das arme Tier!«

Die Köpfe verschwanden wieder. Doch nichts geschah. Filou gab sich und die Welt auf.

Erst nach unendlich langer Zeit tat sich wieder etwas, und eine lange Leiter senkte sich in die Grube. Er wusste nicht, ob sein letztes Stündlein geschlagen hatte oder ob seine Rettung kam, als ein Mann in schweren Stiefeln langsam zu ihm hinunterstieg. Besser, man verließ sich auf nichts und niemanden und rettete sich selbst. Es schien ihm jedenfalls sicherer zu sein. Er spannte die Muskeln an, und noch bevor der Mann die halbe Strecke zurückgelegt hatte, huschte Filou wie ein Blitz an ihm vorbei die Leiter hoch. Erstaunte Rufe empfingen ihn. »Hierher!«, lockte eine Kinderstimme. Filou hörte nicht hin, jagte im Zickzack zwischen den Neugierigen hindurch, sprengte über den Friedhof, raste Treppen und Gassen hinunter bis zur Rue Basse, sprang durchs Kellerfenster und kroch zitternd auf sein Weinfass.

»Luc, verzeih, ich weiß, du hast auf mich gewartet, du wirst halb verhungert sein, und ich habe auch wirklich mein Bestes gegeben, aber ...«

Er riss die Augen auf. Luc war nicht da. Was für ein verdammtes Glück, dachte er und ließ den Kopf auf sein gutes altes Weinfass sinken, das ihm plötzlich wie ein weiches Himmelbett erschien. Dann schlief er ein.

Nur einmal wachte er kurz auf, als er ein Geräusch hörte. Er öffnete die Augen. Im müden Abendlicht sah er eine prächtige Katze auf dem Sims des Kellerfensters hocken, die sich mit energischen Pfotenstrichen das Gesicht putzte. Das Tier prüfte die Luft mit zitternden Barthaaren und sprang dann in elegantem Bogen auf Lucs Schlafplatz, wo es sich fallenließ und zusammenrollte.

Filou schloss die Augen wieder. Keine Katze würde es wagen, in Lucs Revier einzudringen. Obwohl sie alt und behindert war, wusste sie sich zu wehren. Er träumte. Aber es schien sich ausnahmsweise um einen angenehmen Traum zu handeln.

SIEBEN

Am Morgen hatte ihn das wirkliche Leben wieder – in Gestalt von Luc, die ihn auf ihre unübertroffen warmherzige und aufmunternde Weise weckte und an seine Pflichten erinnerte. Diesmal gab Filou nur ein Krächzen zur Antwort. Er musste sich erkältet haben, gestern im Regen. Draußen fegte ein eisig kalter Wind durch die Gassen und wehte den Geruch von Holzfeuer in ihr Verlies. Der Frühling machte Pause.

»Wehe, du hast mir die Grippe nach Hause gebracht«, brummte Luc. Sie sprang mit einer Eleganz zum Fenster hinaus, die ihn an die Erscheinung während der Nacht erinnerte, aber sein Zustand verhinderte jeden klaren Gedanken. Er ließ den schweren Kopf auf die Pfoten sinken und dämmerte weg.

Filou schlief einen ganzen Tag und eine ganze Nacht. Am Tag darauf war der Himmel wie leergefegt, strahlend blau und ohne auch nur ein Wölkchen am Horizont. Er schleppte sich hinaus, legte sich auf die warme Steinmauer vor den Gemüsegärten am Bach und träumte, während um ihn herum die Vögel lärmten und die Sonne sich alle Mühe gab, ihn zu wärmen. Am Abend fühlte er sich gesund, und der Frühling war zurückgekehrt.

Von nun an wurde es von Tag zu Tag wärmer. Filou erlebte den ersten Sommer seines jungen Lebens. Und trotz Luc, trotz aller Pflichten, trotz der ewigen Suche nach etwas Essbarem war es eine Lust zu leben. Er schlief nur noch unruhig und kurz, verließ vor dem ersten Morgenlicht den Keller, leckte den Tau vom duftenden Gras, rannte schlaftrunkenen Hummeln hinterher, wälzte sich in lustvollem Delirium im warmen Sand auf dem Petanqueplatz und schrubbte sich den Winter aus dem Pelz.

Alles um ihn herum tschilpte und zwitscherte, jodelte und jubilierte. Über dem Roche du Diable zogen Bussarde und Milane mit melancholischen Schreien ihre Runden. Pfeifend durchschnitten die Mauersegler die Luft, die eines schönen Tages in Geschwaderstärke und mit schrillen Schreien in Beaulieu eingefallen waren. Und über alledem lag wie ein kratziger Teppich das eintönige Sägen der Zikaden. Doch wenn er hinter der Auberge Fleuri den Hang zum Felsen hinauflief und sich ins Gras legte, konnte er all das ausblenden. Dann hörten seine feinen Ohren nur die Regenwürmer arbeiten.

War ihm vom vielen Träumen langweilig, sprang er nach Schmetterlingen, die durch das Blühen taumelten, jagte Hummeln, haschte nach Libellen. Nach einigen Wochen hatte er es zu einer gewissen Meisterschaft gebracht: Er sprang und drehte sich in der Luft, segelte wie ein Flughörnchen, landete pfeilgenau wie ein Falke. Und er krümmte keinem der Tiere, nach denen er sprang, ein Härchen.

Doch all das Blühen und Tirilieren und Taumeln war nichts gegen die Gerüche! Zuerst hatte der Steinlorbeer zu blühen begonnen, mit Büscheln porzellanweißer Blüten, die nach Marzipan dufteten. Dann öffneten sich die schweren dunkelblauen Fliederdolden und verströmten einen Geruch, der seine Nase beinahe überforderte. Und endlich die ersten Rosen – jede duftete anders. Eine mit zarten rosa Blüten erinnerte ihn an Isabo, das Mädchen vom Café.

Nur Luc fand an all dem Grünen und Blühen nichts Gutes. »Diese verdammten Blütenpollen«, schimpfte sie schnupfend und schniefend und niesend. »Ich kann beim besten Willen nicht hinausgehen und selbst für mich sorgen.«

Natürlich konnte sie das nicht. Filou verstand. Doch das Leben draußen war viel zu aufregend, als dass er immer an seine Pflichten gedacht hätte.

Die Düfte um ihn herum ließen erhabene Geruchslandschaften in seinem Kopf entstehen, er wünschte sich eine größere Nase, um alles auf einmal aufnehmen zu können, was ihm da entgegenströmte. Das Pflaster in der Ruelle des Camisards roch nicht mehr kalt und blau, sondern lockte mit einem warmen Rotschimmer. An den Hausecken und Blumentöpfen stank es zwar noch immer tiefviolett nach den Markierungen der vier schwarzen Rüpel und den Körperflüssigkeiten von Yapper, dem Dackel, und die Grande Rue beherrschte ein strenges Schwarzblau. Doch aus dem umzäunten Geviert vor dem Kriegerdenkmal duftete es so hellgelb, dass man allein vom Riechen satt wurde.

Eines Tages, als er bei seiner täglichen Patrouille durchs Dorf wieder an dem Denkmal vorbeikam, hörte er ein aufgeregtes Zwirbeln und Schnarren. Er blieb stehen. Oben auf dem großen weißen Stein, vor dem ein Kranz aus vertrockneten Lorbeerblättern lag, den eine blau-weiß-rote Schärpe zusammenhielt, hockte ein kleiner Vogel, ein schmales graues Kerlchen mit rostrotem Schwanz, und schimpfte zu ihm herunter.

Filou setzte sich auf die Hinterbeine, starrte auf das aufgeregte Tier und begann unwillkürlich mit den Zähnen zu klappern, die sich ganz gegen seinen Willen bereitzumachen schienen, die zappelnde Beute totzubeißen. Das machte das Hausrotschwänzchen noch wütender. Er hätte ihm gern erklärt, dass es nichts zu befürchten habe, dass jemand wie Filou niemals einem Vogel etwas antun könne. Als eindeutiges Friedensangebot legte er sich nieder, den Kopf auf die Pfoten.

Doch anstatt sich zu beruhigen, schoss der Vogel hoch hinauf in die Luft und ließ sich ein paar Handbreit vor Filou wieder auf den Boden fallen, wo er hin und her stolzierte und ihn beschimpfte, als ob er ihn herausfordern wollte. Glaubte das Kerlchen etwa, es könne ihn angreifen? Filou schaute dem Spektakel eine Weile fassungslos zu, bis ihm die Sache zu langweilig wurde. Unter dem Gezeter des Vogels stand er auf, schüttelte sich das Fell zurecht und lief weiter.

Vor Brunos Bar beschleunigte er, der Gestank dort übertönte wie immer alle gefälligeren Gerüche. Dann bog er ab in die Rue des Fleurs und trabte Richtung Café.

Den Sommer begleiteten nicht nur neue Gerüche, er veränderte auch die Menschen. Alle waren freundlicher, sogar der Metzger. Und mit den Fremden, die seit einigen Wochen Beaulieu bevölkerten, wurde das Leben heiter und leicht.

Sie sprachen anders, sie rochen anders, sie kleideten sich anders als Beaulieus Einwohner. Die Frauen trugen luftige Flatterkleider und lustige Schuhe. Die Männer hatten nackte Beine und Sandalen an den Füßen. Man traf sie zu jeder Tageszeit draußen vorm Café. Und sie waren ganz versessen auf das Durchfüttern halbverhungerter Straßenkatzen. Filous Schweif hob sich voller Vorfreude, und er trabte voran, die Nase in der Brise.

Alle Tische waren besetzt. Die Menschen hatten ein Lächeln auf dem Gesicht und hielten die nackten Beine in die Sonne, manche waren noch ganz weiß, viele gerötet, einige braungebrannt. Filou stellte die Ohren auf und scharwenzelte in leichter Schräglage näher. Vor dem Tisch vorn, an dem eine Frau mit riesengroßer Sonnenbrille ein Croissant in ihren Milchkaffee tunkte, blieb er stehen und lehnte sich kokett an den Laternenpfahl. Das wirkte meistens.

Tatsächlich lächelte die Frau in seine Richtung, brach ein Stückchen vom Croissant ab und warf es ihm zu. Filou senkte dankbar den Kopf und schlang die Gabe herunter. Das schien ihr zu gefallen, denn das nächste Stück hielt sie ihm hin, sodass er näher kommen und ihr aus der Hand fressen musste.

Das machte ihm nichts aus. Er ließ sich mittlerweile sogar bereitwillig kraulen – von denen, die sich trauten. Einige zuckten zurück, wenn sie ihn sahen, und murmelten

etwas von »Total verfloht und verlaust, diese armen Viecher, man sollte sie …«

Das war natürlich ungerecht. Und was genau man sie sollte, überhörte er. Er war ja kein Masochist.

Die nette Dame roch strahlend rot, nach Honig und Rosen, er schnupperte ihr erwartungsvoll entgegen und wollte gerade nach dem nächsten Stückchen Croissant schnappen, als ihm eine pfeilschnelle schwarze Pfote mit weißen Söckchen zuvorkam.

Mimi. So ein Biest. Filou fauchte vor Schreck und fuhr zurück.

Die Frau lachte. Es hörte sich schadenfroh an. Plötzlich fand er sie gar nicht mehr nett. Das war kein schönes Lachen. Sie lachte über ihn. Sie lachte, weil sie es offenbar putzig fand, dass sich arme hungernde Tiere um ihre milden Gaben balgten.

Arm und verhungert? Nicht Mimi, die war bestens versorgt in ihrem Hotel. Also her damit, dachte Filou, und versuchte, ihr das gestohlene Stück Croissant wieder abzunehmen. Mimi knallte ihm eine. Und die Frau mit der Sonnenbrille jagte nicht die freche Räuberin davon, sondern ihn, den armen verhungerten Kater.

Warum? Man verstehe die Weiber.

Als er sich mit stolz erhobenem Kopf abwandte, sah er Mimi vor ihrer Gönnerin Männchen machen. Diese Anschleimerin, dachte er. Dieses verwöhnte Schoßtier. Diese korrumpierte Schlampe.

Nun, es gab andere Optionen. An einem Tisch in der prallen Sonne saß ein junges Pärchen, beide trugen schwere Stiefel und aßen, wie ihm seine feine Nase mitteilte, Schinkenbaguettes. Er schlenderte nonchalant in ihre Richtung; man durfte nicht zu gierig wirken und auch nicht aufdringlich sein, das schadete dem Geschäft. Die Frau lächelte ihm zu, sie musste eine verwandte Seele sein, denn sie hatte dichtes rotes Haar und Sommersprossen auf der Nase. Außerdem roch sie gut – lindgrün mit einer Spur apfelrot. Er schraubte den Schweif hoch und näherte sich ihrer ausgestreckten Hand.

»Bitte, Paula, lass das doch.« Der Mann lächelte nicht und roch auch nicht gut. »Streunende Katzen füttern ist nun wirklich das Hinterletzte. Du weißt, dass damit nur ein Problem geschaffen und keines beseitigt wird.«

»Jetzt mach mal 'n Punkt.« Paula ließ ein Stückchen Schinken vor Filous Nase pendeln. »Du musst nicht aus allem und jedem eine Grundsatzfrage machen.«

»Es ist unverantwortlich, dass die Tiere nicht sterilisiert und kastriert werden«, sagte der Mann.

Filou, der sich schon auf die Hinterbeine erhoben hatte, um nach dem Stückchen Schinken zu schnappen, spürte, wie ihm kühl wurde. Er wusste nicht, was der Mann meinte, aber es klang herzlos und hässlich.

»Nun nimm schon«, lockte Paula. »Komm, du Schöner.«

Es roch köstlich. Wenn nur der Mann nicht endlos weitergenörgelt hätte.

»Es gibt hier schon viel zu viele von der Sorte.«

Damit hatte er leider recht. Denn bevor Filou sich endlich sein Stückchen Schinken holen konnte, kam ihm wieder eine Pfote in die Quere – diesmal war sie rabenschwarz und gehörte Garibaldi.

»Guck mal, der Arme«, flötete Paula. »Der hat nur ein Auge!«

Filou gab auf und schlich mit gesenktem Schweif davon. Sie waren überall – Diabolo und Maurice, Mimi und Mignon. Und Minou, die wie ein Baby quengeln konnte, wenn sie etwas wollte. Wahrscheinlich hatte sich längst jeder von ihnen einen Touristen gesichert, den sie bis zum letztem Urlaubstag ausbeuten konnten. Er kam, wie immer, zu spät.

ACHT

»Mach dir nichts draus«, sagte eine schleppende Stimme hinter ihm.

Filou erstarrte. Dann drehte er sich langsam um.

»Ich krieg auch nie etwas ab.«

Die Stimme schien aus dem Blumenkübel zu kommen.

»Ich krieg nur immer was zu hören: ›Sitz! Platz! Hörst du wohl auf zu betteln!‹«

Filou duckte sich.

»Und dann setzen sie mich auf Diät. Ist das nicht ein Witz?«

Er schlich sich in Zeitlupe an die Stimme heran, eine Pfote vor der anderen.

»Komm nur näher«, sagte die Stimme. »Hier bin ich!«

Filou machte einen langen Hals und streckte vorsichtig den Kopf vor.

»Hier, im Schatten. Und keine Sorge. Ich tu nix.«

Filou erstarrte mitten in der Bewegung. Den Spruch kannte er: Tut nix. Ist ganz lieb. Will nur spielen. So entschuldigten die Menschen ihre unerzogenen Tölen. Er spähte um die Ecke.

Im Schatten hinter dem Blumenkübel lag ein weißes Etwas, so groß wie eine Katze, aber dreimal so fett.

Das Etwas hob den Kopf. »Ein rot gestromter Kater! Wie schön!«

»Und – wer bist du?« Filou hatte sich gerade noch das »Was« verkniffen.

»Oh, Verzeihung, wo bleibt meine gute Erziehung«, sagte der Weiße und rappelte sich hoch. »Fidel ist der Name. Betonung auf der zweiten Silbe.« Er ließ die Ohren sinken.

»Hat nichts mit Fidel Castro zu tun. Leider. Ich hieße gerne nach dem Máximo Líder.« Und dann legte er den Kopf in den Nacken, hob die Lefzen seiner kurzen schwarzen Schnauze, ließ spitze Zähnchen sehen und deklamierte: »Las ideas no necesitan ni de las armas, en la medida en que sean capaces de conquistar a las grandes masas.«

Filou beobachtete fasziniert, wie das seltsame Wesen vor ihm sich zu verwandeln, zu wachsen schien.

»›Ideen brauchen keine Waffen, wenn sie einmal die Massen ergriffen haben‹, verstehst du?«

Natürlich nicht. Von Waffen verstand er nichts.

»Die Revolution ist kein Rosenbett!« Der Weiße trippelte einen Schritt vor, verbeugte sich elegant und ließ sich dann ermattet sinken. »Auch das hat er gesagt. Wie wahr, wie wahr.« Er legte sein Gesicht in dunkle Falten. »Ach, waren das noch Zeiten.«

»Gewiss«, sagte Filou. »Das muss alles sehr spannend gewesen sein. Die Revolution. Und so.« Die von den Ideen ergriffenen Massen waren ihm eher unheimlich.

»Nun, Fortune wäre auch kein schlechter Name«, sagte der Weiße träumerisch. »Fortune wie Glück. Oder Schicksal. Fortuné hieß der treue Hund der ersten Frau

Napoleons, der den Kaiser ins Bein biss, als der große Korse in der Hochzeitsnacht zu ihr ins Bett steigen wollte! Hah!«

Wieder verwandelte sich der Weiße, fletschte die Zähne, ringelte herrisch die Rute. Noch nie in seinem Leben hatte Filou ein derart seltsames Tier gesehen.

»Oder Churchill. Gut, auch das ist kein ganz passender Name für einen friedlichen Kerl wie mich.« Der Weiße keckerte. »Und ›No sports‹ hat er ja leider nie gesagt!«

Filou brummte der Schädel. Eines war klar: Das da vorne war das fetteste Wesen, das ihm jemals begegnet war. Aber es schien eine Menge zu wissen.

»Da rede ich und rede.« Der andere legte den Kopf zur Seite und musterte Filou. »Geschwätzig wie ich bin. Du musst mich ja für entsetzlich unmanierlich halten.«

»Nicht doch.« Filou beschloss, dem Dicken zu trauen, und setzte sich neben ihn.

»Und ich hab dich noch nicht einmal nach deinem Namen gefragt! Lass mich raten!« Das beleibte Tier legte das Kinn auf die Pfoten. »Rotkäppchen? Ach was, das wäre ja beleidigend. Dany le Rouge? Dazu bist du zu jung. Rotspon?« Wieder keckerte der Dicke.

»Barbarossa? Bandiera rossa? Testorossa? Nein, das ist es auch nicht. Vielleicht …«

Ein Pfiff ertönte. Filou zuckte zusammen. Sein Gegenüber verdrehte die Augen, seufzte tief auf und versuchte, sich zu erheben.

»Fidel? Fidel! Wo bist du, alter Fettsack?«

»Herrchen«, sagte der Weiße. »Höflich und charmant,

wie immer. Ich muss dann mal.« Schwankend kam er auf die Beinchen. »Er nennt mich Fidel – wie in ›mopsfidel‹. Und das einem sensiblen Melancholiker wie mir!«

Filou verstand. Und wunderte sich über die Bosheit der Menschen.

Draußen pfiff es wieder, schrill und ungeduldig. »Ich bin dann mal weg«, sagte der Mops. »Man sieht sich.«

Filou sah ihm nach, während Fidel davonhumpelte. Er hatte seinen Hunger schlagartig vergessen. Fressen war nicht alles im Leben, wie man sah. Auch ein übergewichtiger Mops konnte ein armer, unterdrückter Kerl sein. Es gab kein richtiges Leben im falschen.

NEUN

Menschen sind schwierig, dachte Filou, während er an der Schule vorbei Richtung Kriegerdenkmal trabte. Jedenfalls verstand er sie nicht.

Er verstand nicht, warum die Frau mit der großen Sonnenbrille ihn verscheucht und warum die nette Rothaarige den Einäugigen vorgezogen hatte. Und er fragte sich, warum das Mopsherrchen sich über seinen Hund lustig machte.

Er verstand nicht, warum der Bäcker und der Metzger ihn wegjagten, statt ihm etwas abzugeben, ganz so, als ob sie unter Mangel litten. Und er begriff erst recht nicht, warum andere, ihm unbekannte Menschen sorgfältig eingewickelte belegte Brote, statt sie an hungernde Katzen zu verteilen, in den Abfall warfen. Etwa in den Abfallkorb vor dem Schultor, wo man sie, wenn man Glück hatte, aufstöbern konnte. Mit einem Satz war er auf dem eisernen Behälter und spähte hinein. Heute hatte er kein Glück. Nur leere Plastikflaschen und eine schmutzige Kindersocke. Er sprang wieder hinab und trabte weiter.

Und es war so schwer vorherzusehen, wer von ihnen nett war und wer ekelhaft oder gar gemeingefährlich. Und wann und aus welchem Grund sie entweder das eine oder das andere waren. Zszasza hatte ihm beigebracht, alle

Menschen zu mögen. Aber das fiel ihm manchmal wirklich schwer.

Er markierte die altersschwache Einfassung um das Kriegerdenkmal, um sich wenigstens symbolisch seinen Rückzugsort zu sichern. Dann schaute er sich um. Niemand war ihm gefolgt. Er huschte hinüber zur Ligusterhecke und kroch hinein.

An diesen ersten der Gärten hinter dem Denkmal erinnerte er sich mit einer gewissen Vorfreude, dort gab es den großen Kasten mit dem feinen Sand, der ganz so aussah, als ob die Menschen an die Bedürfnisse von Katzen gedacht hätten, was nun wirklich erstaunlich war. Vielleicht war sein bitteres Urteil voreilig? Man könnte ja mal wieder, dachte er und sprang aus dem Liguster.

Doch heute war der Garten nicht leer. Kinder liefen über den zertrampelten Rasen, lärmten, schrien, tobten. Kinder waren eine ganz besonders rätselhafte Sorte Mensch. Sie hatten das unerklärliche Bedürfnis, Tiere am Schwanz zu ziehen. Er gehörte nicht zu den Katzen, die sich so etwas gefallen ließen.

Getarnt hinter dem üppig blau blühenden und intensiv duftenden Rosmarinbusch schlich er sich näher heran. Kinder auf der Schaukel und auf der Rutsche. Kinder im Gras und in einem bunten Planschbecken. Und – Kinder in jenem Kasten mit feinem Sand, den er in guter Erinnerung hatte und in dem sie zu wühlen schienen.

Für einen Moment vergaß er seine Deckung. Verwirrt spazierte er auf die Kinder zu. Was machten sie in seinem Kasten?

Ein lauter Schrei ließ ihn erstarren. Eine Frau war aus dem Haus getreten, hatte die Arme in die Seite gestemmt und blickte wütend zu ihm herüber. »Du scheißt mir nicht wieder in den Sandkasten, du Miststück!«

Stimme und Gestik waren nicht misszuverstehen: Hier lebten keine Katzenfreunde. Aber wozu dann das Katzenklo? Man verstehe die Menschen. Er bauschte seine Rute, kehrte Frau und Kindern den Rücken zu und stolzierte davon.

ZEHN

Unter dem aufgehenden Mond schlich er zurück. Bei Luc brauchte er gar nicht erst aufzutauchen, denn er hatte nichts mitzubringen, ihn erwartete also nichts als Gezänk und Genörgel und ein paar hinter die Ohren. Außerdem war ihm der Garten wieder eingefallen, in dem er kürzlich den Tisch mit all seinen Köstlichkeiten entdeckt und ein Brot entwendet hatte, bevor er auf dem Friedhof verfrüht in ein Grab gefallen war.

Im Garten, wo tags die Kinder getobt hatten, war es jetzt still und ruhig. Er machte es sich zur Pflicht, gewissenhaft in den Sandkasten zu pinkeln, und schlüpfte dann durch die duftende Hecke aus Steinlorbeer in den Nachbargarten.

Ihm war, als ob er hierhin gehörte. Der Mond tauchte die Blumen und Sträucher und Bäume in silbriges Licht. Nachtfalter neckten ihn, er sprang ihnen in wilden Sprüngen nach und passte auf, dass er keinen einzigen fing. Er kletterte den rissigen Stamm eines Baumes hoch, der Blütenblätter auf ihn herabrieseln ließ, balancierte auf immer dünner werdenden Ästen, fiel hinunter, landete auf allen vieren und kletterte wieder hoch.

Er badete im Tau auf dem weichen Gras, rieb sein Gesicht in aufreizend duftender Katzenminze, fühlte, wie sich alle Aromen des Paradieses über ihm zusammenballten, um sich wie ein riesiges weiches Kissen über ihn zu senken, und schlief endlich, selig alle vier Beine von sich gestreckt, unter einem schlanken Baum mit gefiederten Blättern ein, auf einem Bett vertrockneter gelber Blüten, deren Duft den aufdringlichen Gestank der Buchsbaumhecke zum nächsten Garten übertönte.

Im Traum hörte er ein Käuzchen rufen. Dann begann eine Nachtigall zu schlagen. Irgendwann ging das Geschrei der Morgenvögel los. Aber Filou schlief und träumte mit zuckenden Läufen von Heldentaten und Jagderfolgen und von den Liebkosungen der kleinen Mademoiselle vom Café. Die versuchte ihm etwas zu sagen, mit feiner heller Stimme, es klang wie eine Beschwörung, wie Zauber, es war wichtig, lebenswichtig, er sollte sich jedes ihrer Worte merken, sie würde ihn später abfragen.

Wieder und wieder sang sie ihm die Worte vor, mit ihrer feinen hellen Stimme: Arbutus unedo. Nepeta cataria. Lavandula augustifolia. Passiflora caerulea. Bougainvillea glabra. Jeder dieser geheimnisvollen Namen ein Versprechen.

Und dann war da irgendetwas vor seiner Nase, um das er sich umgehend kümmern musste. Er öffnete die Augen einen Spalt. Das Ding war rot und rund, mit einem weißen Klecks vorne drauf. Das roch nach ... das war ... Verschlafen streckte er die Zunge heraus und leckte.

»Nicht nur die Sahne abschlecken! Alles aufessen! Sonst gibt es schlechtes Wetter!«

Schlechtes Wetter? Hier? Filou öffnete seine Augen und

sah in braune Augen unter hellen Wimpern. Ein Mensch. Nein, schlimmer: ein Kind. Er wollte aufspringen, davonlaufen, aber irgendetwas sagte ihm, dass er bleiben konnte, dass niemand ihm etwas antun würde, dass alles gut war. Gehorsam öffnete er das Maul und ließ sich das rote Ding mit dem weißen Klecks hineinschieben. Sahne, gewiss. Aber das andere kannte er nicht. Und es schmeckte sonderbar.

»Erdbeeren sind gut für dich«, sang die helle Stimme. »Vitamine. Eisen. Alles, was man braucht, um groß und stark zu werden.«

Zu den braunen Augen gehörten helle Augenbrauen und weißblondes Haar und ein herzförmiges Gesicht. Ein kleines Mädchen.

»Schmeckt's?« Das Kind schien ihn skeptisch zu mustern.

Er schluckte und schluckte, bis er das rote Ding endlich unten hatte.

»Du könntest ruhig ein bisschen mehr auf den Rippen haben«, sagte das Mädchen und streckte einen Finger nach ihm aus.

Er beschloss, wagemutig zu sein und höflich an ihrem Finger zu riechen.

»Wer bist du überhaupt? Woher kommst du? Wie heißt du?« Sie strich ihm mit dem Finger über die Nase.

Filou versuchte ein leises Purren.

»Du bist hübsch«, sagte das Mädchen und zupfte ihn an den Ohren. »Rote Haare hätte ich auch gern gehabt.«

Filou stupste seine Nase in ihre kleine weiche Hand.

»Ich wette, du heißt Joli. Weil du so hübsch bist.« Sie kraulte ihn unter dem Kinn. »Oder Filou. Weil du so frech guckst. Stimmt's?«

Joli hatte ihn Zsazsa genannt. Filou war tief gerührt, ließ sich auf die Seite fallen und streckte die Pfoten von sich. Deutlicher konnte man sein Vertrauen nicht ausdrücken.

Sie schien zu verstehen. Sie nahm seine rechte Vorderpfote in ihre kleine Hand und schüttelte sie feierlich. »Ich heiße Marla.«

»Maria Lara! Wo steckst du denn?« Eine helle Frauenstimme durchschnitt den Frieden und veranlasste sogar die Zikaden zu einer Atempause.

»Verstehst du? Wer will schon Maria Lara heißen!« Das Mädchen verzog das Gesicht, sprang auf und rief: »Hier bin ich!«

Eine Frau kam über den Rasen auf sie zu. Das bedeutete gewiss nichts Gutes. Wie ein Blitz war er auf den Beinen.

»Bleib doch!«, rief das Mädchen. »Das ist nur Maman, die tut dir nichts!«

Wie gerne wäre er geblieben. Aber sicher ist sicher, dachte Filou, kroch durch die Hecken und trottete nach Hause.

ELF

Luc war daheim. Aber sie schimpfte nicht mit ihm. Sie nahm ihn gar nicht zur Kenntnis. Sie schlief. Sie murmelte im Schlaf, zuckte mit den Läufen, aber sie ließ sich nicht wecken. War sie krank?

Das gute, alte, ach so vertraute Schuldgefühl überfiel ihn wie ein staubiger Kartoffelsack. Er musste besser für sie sorgen, das war er ihr schuldig. Er würde sich mehr Mühe geben. Ja, er würde sogar zurückgehen zum Garten, zu dem kleinen Mädchen, um es anzubetteln.

Allerdings schreckte ihn die Vorstellung wenig, wenn er ehrlich war. Eher im Gegenteil.

In den frühen Morgenstunden des nächsten Tages schlich er sich also zurück in den Zaubergarten. Eine kühle Brise fuhr durch die Zweige des Wacholderbaums und ließ Blütenblätter vom Rosenbusch regnen. Diesmal untersuchte er den Garten ganz genau. Die Wiese grenzte an den beiden Längsseiten an zwei Hecken, die eine aus Steinlorbeer, die andere aus Buchs, die den Zaubergarten von den Gärten der Nachbarn trennten. Links erhob sich das Haus, ein großes altes Steinhaus, unter dessen Rundbögen die gepflasterte Terrasse lag. Dort standen Tisch und Stühle. Rechts ging die Wiese über in einen Garten, in dem Pflanzen wuchsen, von denen er immerhin einige kannte: Zsazsa hatte versucht, ihm beizubringen, welche Kräuter und Gräser gut waren und den Magen entweder nach unten oder oben heraus reinigten. Dann gab es welche, die gute Laune machten, wie Katzenminze und Baldrian. Und es gab Pflanzen, die man meiden musste, Buchsbaum und Christrosen und Oleander.

Ihm schien, dass im Zaubergarten die guten Pflanzen überwogen. Beruhigt trollte er sich zu seinem Platz unter dem Baum mit den gefiederten Blättern und schloss die Lider. Vor seinem inneren Auge schwebten Teller und Platten mit Butter und Schinken und Käse und Wurst herab, arrangierten sich appetitlich auf dem weichen Rasen und luden ihn zum Mahl. Die Vision lullte ihn ein und ließ ihn tief und ruhig schlafen.

Wieder weckte ihn die Stimme. »Acacia dealbata ›Gaulois Astier‹«, sang sie.

»Mimose«, sagte Marla erklärend, als sie sich neben ihn kniete. »Das ist das, worunter du liegst. Ich werde Botanik studieren, da muss man das wissen.«

Sie sah ihn zweifelnd an. »Aber vielleicht werde ich auch Schönheitskönigin. Oder Forschungsreisende. Egal. Hauptsache, was Sinnvolles. Aber was erzähl ich da. Du hast sicher Hunger.« Sie holte ein Körbchen hinter ihrem Rücken hervor.

Filou setzte sich auf, mit zitternden Schnurrbarthaaren und voller Erwartung.

Es war, zugegeben, nicht das, was er sich erträumt hatte, aber er knabberte tapfer am Knäckebrot, das sie ihm in handliche Stückchen zerbröselte.

»Knäckebrot ist gut für dich«, sagte Marla bestimmt.

Das Töpfchen Joghurt war schon eher nach seinem Geschmack, auch wenn er auf die Erdbeere darin gern verzichtet hätte.

Zum Schluss holte sie wieder etwas Rotes aus ihrem Körbchen, nicht rund, sondern lang, nicht süß, sondern mit strengem Geruch.

»Und das hier ist eine Möhre. Man soll täglich eine Möhre essen. Möhren sind gut für die Augen, sagt meine Mutter.«

Wirklich? Filou blickte hilfesuchend in Marlas Gesicht. Sie sah aus, als ob sie selbst an dieser Empfehlung zweifelte, aber sie hielt ihm die Möhre entschlossen vor die Nase. Filou leckte vorsichtig daran. Neutral. Schmeckte nach Erde, also nicht sehr reizvoll.

Marla legte ihm die Möhre vor die Pfoten. »Probier doch mal«, sagte sie und beobachtete ihn mit kühler Neugier, wie man ein fremdes Insekt oder einen Wurm betrachtet.

Filou überlegte. Hatte Luc sich nicht darüber beschwert, dass sie nicht mehr so gut sah in letzter Zeit?

»Früher – also früher ist mir nichts entgangen, Kleiner, glaub mir. Noch in stockdunkler Nacht, ohne Mond, ohne auch nur einen Stern am Himmel habe ich meine Beute aufgespürt und erlegt. Aber heute ...« Sie hatte erbarmungswürdig geklungen. Vielleicht half die Möhre? Er musste ihr das Wundermittel bringen. Dann wäre sie ihm endlich einmal dankbar.

Er packte die Möhre mit den Zähnen in der Mitte, sodass sie gut ausbalanciert war, und trabte davon.

»Wo willst du hin?«, rief Marla hinterher. »Es gibt noch Knäckebrot!«

Er zögerte. Aber Knäckebrot war keine allzu verlockende Alternative. Und so ging er hocherhobenen Hauptes zur Steinlorbeerhecke, peilte die Lage, schlüpfte hindurch, raste durch den Nachbargarten und war in weniger als drei Minuten bei Luc in ihrer gemütlichen Kellerwohnung.

ZWÖLF

Luc war wach und putzte sich. Sie streckte anmutig eine Hinterpfote in die Luft, um auch die zarteren Bereiche zu pflegen, wirkte dabei weder sonderlich alt noch kränklich, und verwandelte sich erst wieder in die arme hilfsbedürftige Luc, als sie Filou bemerkte.

»Da bist du ja endlich«, stöhnte sie matt und ließ sich auf ihr Lager sinken. »Was denkst du dir denn dabei, mich hier so lange allein zu lassen?«

»Ich hab dir was mitgebracht«, sagte Filou und ließ die Möhre vor ihre Nase plumpsen. »Ist gut für die Augen.«

»Meine Augen sind 1a, du Klugscheißer«, fauchte sie und roch an der Möhre. Angeekelt fuhr sie zurück und legte die Ohren an. »Weißt du, was du da angeschleppt hast?«

»Eine Möhre«, sagte Filou. »Viel Vitamin A. Das braucht man, wenn man ...«

»Das braucht man, wenn man nix im Hirn hat«, zischte Luc und rollte die Möhre mit einem kräftigen Pfotenstoß in seine Richtung. »Das ist rohes Gemüse! Da krepiert man dran!« Sie öffnete die Augen. Weit. Und starrte ihn an.

»Und jetzt lass mich zugucken, wie du diese supergesunde Möhre frisst. Na los! Wird's bald?«

Es blieb ihm nichts anderes übrig. Er musste in das rote

Ding beißen, das ziemlich geschmacklos und vor allem entsetzlich hart war. Maliziös grinsend sah Luc ihm zu, wie er sich abmühte, wie er kaute, schluckte, spuckte.

»Was reingeht, muss auch wieder raus. Sorge bitte dafür, dass du nicht zu Hause bist, wenn die Magenkrämpfe kommen«, sagte sie schließlich, wendete sich ab und war mit einem Satz auf dem Fenstersims. »Du kannst dein Geschäft ja vor der Haustür von Maxim, Manon und Yapper erledigen. Da haben wenigstens die Richtigen was davon.«

Ganz so schlimm wurde es gottlob nicht. Sein Magen beließ es bei übelriechenden Winden. Dafür passierten andere Dinge, die weit unangenehmer waren.

Es war Markt, wie immer am Mittwoch, und diesmal war Filou rechtzeitig da gewesen, hatte sich ganz klein gemacht und unauffällig in die Schlange vor dem Fischstand eingereiht. Diabolo patrouillierte übelster Laune und mit peitschendem Schweif an der langen Reihe vorbei, wie ein Sklaventreiber, und blieb ausgerechnet vor Filou stehen. Bislang hatte keiner der großen vier erkennen lassen, dass sie so einen kleinen Fussel wie ihn überhaupt zur Kenntnis nahmen, doch jetzt schnüffelte der Schwarze an ihm herum, ziemlich aufdringlich und ganz und gar nicht aus Höflichkeit. Filou sträubten sich die Haare.

»Du wirst langsam erwachsen«, fauchte der Schwarze. »Das ist nicht gut für dich.« Er hob die mächtige Pfote und gab Filou eins hinters Ohr. »Merk dir lieber jetzt schon, wer hier das Sagen hat.« Dann stolzierte er weiter.

Filou verkroch sich hinter Mignon und hoffte, hinter

ihren wilden Dreadlocks unentdeckt zu bleiben. Doch schon näherte sich Maurice. Auch der schnüffelte an ihm herum, ohne es freundlich zu meinen. Dann wandte er Filou verächtlich den Rücken zu.

»Und so was will Kater werden«, sagte er zu Mignon, die pflichtgemäß kicherte, und strich weiter.

Filou atmete auf. Doch als auch noch Magnifico aufkreuzte, verließ ihn der Mut. Er schlich sich davon, aber er kam nicht weit. An der nächsten Straßenecke wartete Garibaldi.

»Was guckstu?«, sagte der Einäugige zur Begrüßung.

Was wollte der Kerl? Filou hatte es sorgsam vermieden, ihn auch nur anzuschauen.

Garibaldi zog die Lefzen hoch und ließ sein beachtliches Gebiss sehen. »Produzier mich nicht, okay?«

Filou leckte sich verlegen die Flanke und versuchte, so zu tun, als ob nichts wäre.

Garibaldi hob die Tatze. »Respekt, Kleiner. Ohne Respekt ...« Er fuhr die Krallen aus. »Verstehstu?«

Diese Geste war wirklich nicht misszuverstehen. Filou machte, dass er davonkam.

Doch von nun an begegnete er den schwarzen Brüdern immer wieder, erst recht, wenn er glaubte, sie endlich abgeschüttelt zu haben. Diabolo rempelte ihn an. Garibaldi versetzte ihm einen Stoß mit der Schulter, als er davonlaufen wollte. Maurice flanierte an ihm vorbei, drehte ihm den Rücken zu, buschte seinen Schweif zu voller Größe auf und spritzte. Filou hatte sich zwar in den Straßengraben gerettet, aber den Bruchteil einer Sekunde zu spät.

Gedemütigt zog er des Weges. In diesem Zustand würden ihn die Touristen verschmähen – dabei schob er ziemlichen Kohldampf. Nach Hause zu Luc traute er sich auch nicht. Blieb das Versteck unter dem Lavendel vor dem Kriegerdenkmal, damit er sich in Ruhe putzen konnte. Doch selbst das war ihm nicht vergönnt. Einer der schwarzen Brüder war schneller gewesen und wartete schon auf ihn.

Das Herz plumpste ihm in die Magengrube, als er die schwarze Gestalt sah. Ich halte das nicht mehr aus, dachte er weinerlich. Ich will nach Hause. Ich will meine Mama. Ich habe Hunger.

Es kostete ihn unendlich viel Selbstüberwindung, hocherhobenen Hauptes weiterzugehen, bis er vor dem Schwarzen stand. Es war Magnifico, der ihn bislang fair behandelt hatte. Doch jetzt senkte der alte Kater den Kopf, knurrte, verwandelte das Knurren in einen markerschütternden Schrei, dem ein tiefes Gurgeln folgte. Filou blieb aufrechten Hauptes stehen, obwohl ihm die Knie zitterten.

»Was wollt ihr eigentlich von mir?«, fragte er mit bebender Stimme. »Was habt ihr gegen mich? Wozu das ganze Theater? Warum?«

Er wartete auf den Angriff. Doch ein Wunder geschah. Magnifico setzte sich auf, sichtlich verlegen, und putzte sich den Hinterlauf. »Was wir wollen?«, murmelte er endlich. »Dass du nicht willst, ganz einfach.«

»Was soll ich nicht wollen? Ich versteh euch nicht.«

»Du sollst gar nicht erst dran denken.«

»Woran? Ihr verfolgt mich seit Stunden! Weil ich ein rotes Fell trage? Weil ich anders bin?«

Das war die einzige Erklärung, die ihm noch einfiel. Doch Magnifico sah ihn entgeistert an und schüttelte den dicken Kopf.

»Ach was! Farbe interessiert nicht.« Er schien nachzudenken. »Jedenfalls nicht, solange du sie nicht weitergibst.«

Filou verstand noch immer nichts.

»Meine Güte, bist du schwer von Begriff! Das heißt im Klartext: Lass die Finger von den Miezen.«

»Wen meinst du damit?«, stotterte Filou.

»Heilige Mutter Maria!« Magnifico schloss die Augen zu schmalen Schlitzen. »Ist dir nicht gut? Bist du krank?« Sein Schweif fuhr wie eine Peitsche durch die Luft. »Oder hast du sie nicht mehr alle?«

»Erklär es mir bitte noch einmal«, sagte Filou und versuchte, aufgeweckt und verstandesbegabt auszusehen.

Magnifico holte blitzschnell den Schmetterling vom Himmel, der ihn umtänzelt hatte, knackte ihn und murmelte dann: »Ganz einfach: Vier Kater sind genug. Die Welt ist nicht groß genug für einen mehr. Lass dich kastrieren.«

Kastrieren. Ein hässliches, irgendwie bedrohliches Wort, was immer es bedeutete. Ihm wurde kalt.

Magnifico gähnte. »Such dir ein Frauchen! Menschen mögen faule Kastraten, die ihnen das Sofa vollfusseln.«

Filou begriff noch immer nichts. Doch Magnifico schien langsam so etwas wie Mitleid zu empfinden. Während er sich die Reste des Schmetterlings von der Pfote leckte, brummte er: »Werd am besten nicht erwachsen, Kleiner. Das ist das Einfachste – für uns. Und für dich.«

Er schlenderte davon.

DREIZEHN

Filou blieb unter dem Kriegerdenkmal hocken und fühlte sich unendlich klein und dumm. Er wusste nichts, begriff nichts, hatte keine Ahnung vom Leben und war als Kater und überhaupt eine glatte Null. Vielleicht stimmte wirklich etwas nicht mit ihm?

Der Ratschlag Magnificos leuchtete ihm jedenfalls ein: Nicht erwachsen werden, das war die Lösung! Wer nicht erwachsen wurde, durfte dumm und unwissend bleiben. Kleine Kater mussten nichts verstehen. Und deshalb beschloss er, dem Zustand der Unmündigkeit keinen Widerstand entgegenzusetzen, sondern ihn mit voller Absicht anzustreben. Er würde sich künftig nur noch auf eines verlassen: auf seine niederen Triebe.

Die meldeten rasenden Hunger. Und er mochte zwar von nichts eine Ahnung haben, aber er wusste, wo es etwas zu essen gab. Bei Marla.

Filou stieg durch die Ligusterhecke in den Kindergarten, durch den er in Windeseile hindurchhuschte, schlüpfte durch die Hecke aus Steinlorbeer und stand in Marlas Garten. Er legte sich auf sein Plätzchen unter der Mimose, wartete geduldig, dass sich im Haus etwas rührte, und schlief darüber ein.

Sanftes Streicheln weckte ihn. »Du musst keine Angst haben«, sagte Marla, als er erschrocken aufsprang. »Du brauchst auch nicht wieder wegzulaufen. Maman ist eigentlich ganz in Ordnung.«

Sie biss sich auf die Lippen. »Meistens jedenfalls. Aber sie will nicht, dass du uns Flöhe ins Haus schleppst.«

Flöhe? Sicher, er spürte ab und an ein Kitzeln und Beißen im Fell, aber Flöhe, hatte Zsazsa gesagt, Flöhe haben nur Hauskatzen. »An unsereins trauen die Biester sich nicht ran, Kleiner«, hatte sie behauptet, während sie sich mit dem Hinterlauf ekstatisch am Ohr kratzte, was sie alle paar Minuten wiederholte.

»Und dass du bestimmt ein Kater bist, hat sie auch gesagt. Es gibt keine roten Katzen, wusstest du das?«

Nein, wusste er nicht. Er hatte überhaupt noch nie jemanden gesehen, der so rot war wie er. Zsazsa hatte ein herrliches karamellfarbenes Fell gehabt. Und Luc war grau.

»Kater spritzen alles voll, sagt Maman. Und das stinkt.« Marla rümpfte das Näschen.

Filou dachte an die Dusche, die er von Diabolo empfangen hatte, und musste ihr zustimmen. Doch so etwas taten nur erwachsene Kater. Für ihn galt das nicht.

»Und ich soll dich nicht füttern, hat sie gesagt. Sonst werden wir dich nie wieder los.«

Maman war also in Ordnung? Wirklich? Filou hatte ernsthafte Zweifel.

»Aber Papa hat gesagt …«

Marla legte den Zeigefinger auf die Lippen und holte etwas hinter ihrem Rücken hervor. Filou hob die Rute. Seine Barthaare zitterten. Diesmal waren es bestimmt keine Erdbeeren und keine Möhren. Diesmal gab es etwas Richtiges. Das roch er.

Sie hielt ihm ihre Gabe strahlend vor die Nase. »Das isst du gern, hat er gesagt.«

Es war ein Stück Baguette. Filou ließ sich wieder sinken.

»Aber falls du doch ein normales Kätzchen bist, hat Papa gesagt, soll ich dir vorsichtshalber noch das hier mitbringen.« Wieder griff sie hinter sich.

Der Geruch war überwältigend. Filou reckte sich zu voller Größe, seine Pupillen weiteten sich vor Gier, er konnte kaum noch an sich halten. Sie hatte ihm Schinken mitgebracht, eine ganze Scheibe süßen fetten Schinken. Er packte die köstliche Gabe, schüttelte sie, als ob sie ein Beutetier wäre, stellte die Tatze auf das besiegte Fleisch und schlang es gierig herunter. Viel zu schnell war alles vorbei. Er leckte sich das Fett von der Pfote und sah zu Marla hoch, die fassungslos zugeschaut hatte.

»Und das soll gut für dich sein?«, fragte sie ungläubig. »Ich meine – das ganze Fett. Das Cholesterin. Ich kenn mich da aus, das ist gar nicht gesund.«

Egal. Hauptsache, es schmeckte. Er setzte sich auf die Hinterbeine und blickte hoffnungsvoll zu ihr hoch.

»Vielleicht werde ich ja Ärztin.« Sie schien nachzudenken. »Oder Model. Da verdient man mehr.«

Was auch immer. Ihn interessierte nur eines. Er maunzte auffordernd. Mehr, hieß das. Mehrmehrmehr.

Marla zögerte eine Weile. »Warte auf mich«, sagte sie endlich und lief ins Haus.

Als sie zurückkam, hielt sie ein in weißes Papier eingewickeltes Päckchen in der Hand. Er kannte Papier wie dieses von seinen Müllsackrecherchen, es roch fast immer nach etwas Leckerem, was darin eingewickelt gewesen war.

»Papa hat eingesehen, dass so viel Schinken nicht gesund für ihn ist. Sein Cholesterin ist jetzt schon zu hoch. Ich soll dir nur nicht alles auf einmal geben«, sagte sie und hielt eine weitere der verführerisch duftenden Scheiben in die Höhe. Filou konnte nicht anders, er machte Männchen, um ihr die Scheibe aus der Hand zu tatzen.

Erst mit der dritten Scheibe war der gröbste Hunger gestillt, und er aß langsamer. Zufrieden leckte er sich die Lefzen, legte sich auf die Seite und schnurrte, während Marla ihn streichelte.

»Weißt du was, Filou«, flüsterte sie. »Ich werde fragen, ob du bei uns einziehen darfst. Das wäre doch nett, oder?«

Er schnurrte lauter.

»Aber Maman meint, du hättest vielleicht schon ein Zuhause.«

Filou hob den Kopf. Zu Hause war Luc. Die hatte er ganz vergessen. Schon wieder hatte er sie vergessen! Er hatte sich den Bauch vollgeschlagen ohne einen einzigen Gedanken an sie. Er schielte hinüber zu dem Päckchen mit dem Schinken. Eine Scheibe lag noch im Wachspapier. Ob Marla ihm böse wäre, wenn er sie mitnähme?

Er schmiegte den Kopf in ihre Hand und biss sie zärtlich in den Finger. Dann sprang er auf, stibitzte den Schinken aus dem Papier, sah noch einmal zu ihr hoch und sprang davon.

»Filou! Wo willst du hin? Gefällt es dir nicht bei uns?«, rief Marla ihm hinterher.

Viel zu gut, dachte Filou.

Diesmal lauerte niemand auf ihn. Er flog durch die Straßen und war in Rekordzeit in der Rue Basse. Luc lag auf ihrem Thron und blickte desinteressiert hoch. Fast demütig schob er ihr den Schinken hin. Das brachte Bewegung in ihre müden Knochen.

»Na also, es geht doch«, brummte sie, nachdem sie die Scheibe hinuntergeschlungen und sich wieder fallen gelassen hatte, »wenn man sich nur ein bisschen Mühe gibt.«

»Hat es dir denn – gemundet?«

Sie öffnete ein Auge. »Seit wann drückst du dich so gewählt aus?« Sie schloss das Auge wieder. »Doch, danke, ja, es hat geschmeckt. Meinetwegen kannst du so weitermachen.«

VIERZEHN

Filou besuchte Marla nun jeden Tag, und immer hatte sie etwas für ihn: gehacktes Ei und Kartoffeln, rohe Leber, ein ganzes Hühnerbein. Und immer verließ er sie nach der Mahlzeit, weil er nach Hause musste, zu Luc. Doch der bekam das gute Essen offenbar gar nicht, es machte sie nur noch hungriger, sodass er sich noch größere Mühe geben musste und die schönsten und größten Bissen aussparte, damit er sie ihr mitbringen konnte.

Dennoch behauptete Luc, immer schwächer und bedürftiger zu werden. Filou aber spürte, wie gut ihm die Besuche bei Marla bekamen. Sein Fell war strahlend und seidig geworden. Seine Pfoten waren nicht mehr rau und aufgerissen. Und er war auch nicht mehr dauernd müde, er spielte sogar Fangen mit Marla, die ein unerklärliches Vergnügen daran hatte, ihm, bevor sie das Essen servierte, kleine Bällchen und Spielzeugmäuse zuzuwerfen. Mittlerweile konnte er in der Luft eine dreifache Pirouette drehen, bevor er Bällchen oder Mäuschen fing und zu Marla zurückbrachte.

So gingen die Tage dahin, in paradiesischer Ruhe. Aus Frühsommer wurde Hochsommer, und manchmal war es so heiß in Beaulieu, dass der Dobermann sich erschöpft das Bellen sparte, wenn Filou an seinem Gehege vorbeilief, und Yapper, der Dackel, kraftlos neben seinem Strickpüppchen im Schatten lag. Dann schienen sogar die vier schwarzen Brüder keine Energie mehr für Randale zu haben.

Das ist das Leben, dachte Filou. Das Leben im Paradies. Es schien ihm nicht steigerungsfähig. Bis Marla eines Tages etwas mitbrachte, das alles veränderte.

»Maman hat gefragt, wieso ich in letzter Zeit so viel esse. Und warum Papa immer den ganzen Schinken vertilgt. Und wo die Eier hingekommen sind, die sie vor zwei Tagen gekocht hat. Da hab ich's ihr erzählt.«

Ob das eine gute Idee war? Filou spürte, dass sein Paradies in Gefahr geriet.

»Sie hat mir das hier für dich mitgegeben. Da ist alles drin, was eine Katze braucht«, dozierte Marla. »Spurenelemente und Vitamine. Und Fleisch und Gemüse und Ballaststoffe.«

Filou hob die Nase, während sie ein flaches Döschen hervorholte, dessen Deckel aufriss und den Inhalt auf ein Tellerchen gab. Das war doch … das roch nach … es erinnerte ihn an …

Egal, es war unwiderstehlich. Er stürzte sich auf die braunen Brocken und putzte das Tellerchen in Rekordgeschwindigkeit leer. Dann sah er erwartungsvoll auf. Ich könnte schon noch was von dem da, sollte sein Blick sagen. Doch Marla hielt etwas Rotes zwischen Daumen und Zeigefinger, mit einem weißen Klecks drauf. »Weil du die doch so gerne isst«, sagte sie und schob ihm die Erdbeere ins Maul.

Diesmal kam er ohne Beute nach Hause. Luc erwartete ihn bereits.

»Wo bleibst du denn?«, maulte sie wehleidig. »Mir geht es gar nicht gut.«

Dabei sah sie prächtig aus: Das Fell glänzte, die Augen waren klar.

»Wieso hast du mir nichts mitgebracht? Soll ich hier verhungern?«

Ja, sie wirkte sogar außerordentlich wohlgenährt. Filou beäugte sie mit wachsendem Misstrauen.

»Nach allem, was ich für dich getan habe«, nölte sie.

Die alte Leier. Hatte er seine Schulden bei ihr nicht langsam abgezahlt?

»Wenn deine Mutter dich nicht so verwöhnt hätte …«

Das brachte das Fass zum Überlaufen. »Lass meine Mutter aus dem Spiel«, fauchte er. »Und sieh dich doch an: Du bist faul und vollgefressen, weil ich seit Wochen für dich sorge.«

»Ich bin was?«, zischte sie und begann, sich zu erheben.

»Und hab ich vielleicht jemals ein Wort des Dankes von dir gehört?«

»Ich? Ich soll dir danken?« Sie stand jetzt in voller Größe vor ihrem Lager, eine silbergraue Königin, ganz und gar keine gebrechliche Alte.

Filou spürte, wie sich ihm die Haare sträubten. Es stimmte also. Sie war nicht krank. Sie hatte nur so getan, hatte sein Mitleid und sein Pflichtgefühl missbraucht. Sie hatte ihn die ganze Zeit belogen und betrogen.

Er keifte sie an. »Du hast mich für dich schuften und ranschaffen lassen und hast dich auch noch ständig beklagt. Nichts war dir gut genug!«

Luc machte einen Buckel, legte die Ohren an und senkte drohend den Kopf. »Glaubst du vielleicht, von deinen Fischköpfen, Käserinden und Brotstückchen hätte eine Katze satt werden können?«

»Du hast alles heruntergeschlungen!«

»Man nimmt, was man kriegen kann«, knurrte Luc. Dann sprang sie mit ausgefahrenen Krallen auf Filou zu. Der machte, dass er aus dem Kellerfenster kam. Doch Luc war ihm auf den Fersen.

Die arme, alte, schwache Lucrezia jagte ihn erbarmungslos. Hinaus auf die Rue Basse, im gestreckten Sprung über Yapper hinweg, der mit Püppchen im Maul an der Straßenecke hockte und gar nicht zu begreifen schien, was da an ihm vorbeisauste. Die Ruelle des Camisards hoch, wie im Flug an Maxim und Manon vorbei, die hinter ihnen herjohlten. Vor der Grande Rue musste Filou abbremsen, weil der alte Stinker auf seinem Motorrad über die Straße dieselte. Deshalb hätte Luc ihn fast erwischt. Aber ein Mädchen auf dem Bürgersteig, das bei Filous Anblick »Wie süß!« geschrien hatte, trat der rasenden Furie beherzt in den Weg, sodass er einen Vorsprung gewann.

Wenn er rechtzeitig beim Kriegerdenkmal eintraf … Wenn er es durch die Hecke schaffte … Wenn er erst bei Marla war …

Doch Luc war schon wieder hinter ihm.

Und vor ihm wartete das nächste Unheil. Vor Brunos Bar standen die vier schwarzen Brüder, mit peitschenden Schweifen und zuckenden Schwanzspitzen. Filou hätte sich am liebsten hakenschlagend davongemacht, aber er hatte Luc im Genick, und die holte auf. Das also meinten die Menschen, wenn sie von einer Wahl zwischen Pest und Cholera sprachen.

Er entschied sich für die Cholera und rannte geradewegs auf die vier Brutalos zu. Es würde natürlich eine blutige Schlägerei geben, die er hoffentlich überlebte. Fünf gegen einen – der auch noch der Kleinste war – kam ihm ausgesprochen unfair vor. Aber so war es wohl, das Leben. Hart und ungerecht.

Doch als er näher kam, sah er, dass die Brüder keinen Kampfgeist zeigten, im Gegenteil, sie schienen irgendetwas ungeheuer komisch zu finden.

»Yallah, yallah!«, rief Garibaldi.

»Hast du nicht gehört, was ich dir geraten habe, Kleiner?«, knurrte Magnifico. »Du siehst doch, wie das ist!«

»Die Miezen jagen dich erbarmungslos«, grummelte Diabolo zustimmend. »Bis du tot umfällst.«

»Voll korrekt, Alder«, kommentierte Garibaldi.

Filou fetzte an den johlenden Grobianen vorbei und hoffte inständig, dass sie keine Lust bekämen, sich Luc anzuschließen. Vergebliche Hoffnung. Mit sinkendem Mut hörte er hinter sich Geräusche, die nach einer satten Prügelei klangen. Diabolo fluchte, und Maurice schrie wütend auf. Aber keiner von ihnen kam näher, um ihn anzugreifen.

Dafür konnte es nur eine Erklärung geben. Die Kerle wagten es, Luc anzugreifen. Das konnte er nicht zulassen.

Filou bremste und drehte sich blitzschnell um. Tatsächlich. Sie prügelten sich. Aber es war nicht Luc, die sei-

ne Hilfe benötigt hätte. Die Prügel steckten die vier Burschen ein, die sie soeben mit mächtigen Tatzenhieben in die Flucht geschlagen hatte.

»Ihr seid doch zu nichts nütze, ihr schwarzen Hohlköpfe«, schrie sie ihnen hinterher.

Filou ergriff die Chance und machte sich davon. Am besten lief er in weitem Bogen nach Hause zurück, in der Hoffnung, dass sie sich bis dahin abgeregt hatte. Noch immer verblüffte ihn die schiere Unverfrorenheit, mit der sie ihn ausgenutzt hatte – aber mehr noch seine unendliche Blödheit, die ihn gehindert hatte, ihr Spiel zu durchschauen.

Gedankenverloren wäre er in der Ruelle des Camisards beinahe in sein nächstes Unglück gestolpert. Es war, als ob heute alle Albträume auf einmal Wirklichkeit werden wollten.

Der schwarze Dobermann war frei. Er stand vor seinem Gehege auf dem Bürgersteig, ohne Halsband und Leine, und sein Herrchen war nirgendwo zu sehen.

Filou vollführte eine Vollbremsung. Hinter ihm Lucrezia, vor ihm der Höllenhund – fliegen müsste man können.

Und tatsächlich: Irgendetwas flog an ihm vorbei, eine fauchende, spuckende graue Kugel aus gesträubtem Fell und ausgefahrenen Krallen. Der Dobermann jaulte auf, als ihn der erste Tatzenhieb auf die empfindliche Nase traf. Der zweite traf ihn am Ohr. Den dritten wartete er nicht mehr ab und floh mit zwischen die Hinterbeine geklemmtem Schwanz durch das offen stehende Gartentor zurück in sein Revier.

Filou stand da und staunte.

»So«, sagte Lucrezia und ordnete sich das Fell. »Und jetzt du.« Sie duckte sich.

»Also das – das war einfach großartig!« Filou neigte den Kopf vor ihr.

Lucrezia fauchte.

»Das war heldenhaft.«

Lucrezia knurrte.

»Du hast mir das Leben gerettet.«

Lucrezia knurrte nur noch halbherzig und richtete sich langsam auf. »Wäre ja nicht das erste Mal gewesen«, brummte sie.

»Aber wieso hast du mir die ganze Zeit …«, etwas vorgemacht, wollte er fragen. Wieso hast du so getan, als ob du alt und schwach und zahnlos wärst?

Doch Luc starrte ihn warnend an. »Stell keine blöden Fragen, dann kriegst du auch keine dummen Antworten«, zischte sie, drehte sich um und stakste hinkend von dannen.

Im Weggehen murmelte sie, gerade so laut, dass er es noch hören konnte: »Wie hätte ich dir sonst beibringen sollen, wie man überlebt, he?«

FÜNFZEHN

Filou ließ sie ziehen – und genoss für Minuten das Gefühl, frei zu sein, frei von jeglicher Verantwortung für andere. Doch das hielt nicht lange vor. Sicher, er hatte gelitten unter Luc und ihren Launen und unter alledem, was sie im Nachhinein als Erziehungsmaßnahmen in seinem Interesse hinstellen wollte. Dennoch glaubte er sich verpflichtet, sie an seinem Glück teilhaben zu lassen.

Denn sein Glück bestand aus mehr als freier Kost. Sein Glück war ein kleines blondes Mädchen mit braunen Augen. Sein Glück war, gestreichelt und gehätschelt zu werden, nach Bällchen und nach Mäuschen zu springen, sich im Garten in der Katzenminze zu rollen und zu suhlen, unter dem Mimosenbaum einzudösen und von der hellen Stimme Marlas und ihren magischen Worten geweckt zu werden – Passiflora caerulea ... Lavandula augustifolia ...

Luc sollte wenigstens etwas von diesem Glück abbekommen – den Teil, von dem sie etwas verstand: Essen.

Marla schien ebenso zu denken. Bei seinem nächsten Besuch, nach einem ausgiebigen Spiel mit Bällchen und Mäuschen, fütterte sie ihn wieder aus einer dieser geheimnisvollen Dosen. Und diesmal hatte sie noch eine zweite dabei. Obwohl er verlangend maunzte, öffnete sie die Dose nicht. Sie stellte sie ihm vor die Pfoten.

»Ich weiß nicht, wohin du all das Futter bringst, das du

stibitzt. Aber ich möchte nicht, dass du stiehlst, verstanden? Stehlen ist eine Todsünde.«

Filou war verwirrt. Was meinte sie? War die Dose nun für ihn oder nicht?

»Und weil ich nicht will, dass du dich versündigst, gebe ich lieber freiwillig, was ich habe«, sagte Marla feierlich. »›Geben ist seliger denn nehmen‹, sagt unser Pfarrer.«

Sie straffte sich und strich sich die Haare hinters Ohr. »Vielleicht studiere ich Theologie, wenn ich groß bin.«

Der Pfarrer muss ein netter Kerl sein, dachte Filou, und senkte den Kopf, um sich tätscheln zu lassen. Und Theologie war gewiss eine feine Sache.

Marla zupfte ihn an den Ohren. »Wenn du bei uns einziehst, musst du nicht mehr stehlen.«

Wie gerne er das täte. Aber da war Lucrezia. Und die Pflicht. Er duckte sich unter ihrer Hand und nahm die Dose zwischen die Zähne, was gar nicht so einfach war, obwohl sie nicht schwerer war als ein solides Hühnerbein.

»Geh mit Gottes Segen«, sagte Marla salbungsvoll.

Filou trabte los. Als er in der Rue Basse angekommen war, tat ihm das Maul weh. Das gab mindestens zwei Tage Maulsperre, dachte er wehleidig.

Luc war zu Hause, lag auf ihrem Lager, putzte sich und machte wieder auf arme alte Seniorin, so, als habe die wilde Jagd nie stattgefunden, auf der sie vier Kampfkater und einen durchgeknallten Hund in die Flucht geschlagen hatte.

Aber das musste er hinnehmen. Es schien sein Schicksal zu sein, bis ans Ende ihrer Tage für sie zu sorgen.

»Hier«, sagte er atemlos und ließ die Dose fallen. »Hab ich dir mitgebracht.«

»Was soll das denn sein?«, fragte Luc und setzte vorsichtig die rechte Tatze auf das kühle glänzende Ding.

»Man isst es. Es nennt sich Katz-Gourmet.«

»Steinhart«, knurrte sie. »Und so was bringst du mir! In meinem Zustand!«

Ja, ja, dachte Filou. Erzähl mir mehr. Andererseits – sie konnte ja wirklich nicht ahnen, was sich unter der glänzenden Hülle versteckte. Wenn er nur wüsste, wie man das Ding öffnete! Bei Marla hatte das kinderleicht ausgesehen.

Er legte seinerseits prüfend die Krallen auf die runde Dose.

»Pfote weg«, fauchte Luc. »Die gehört mir!«

Und sie machte sich mit Klauen und Zähnen an die Arbeit. Irgendwann war es ihr tatsächlich gelungen, ein Loch in den Deckel der Dose zu reißen, gerade groß genug für eine Katzenpfote. Sie schaufelte ein paar braune Brocken heraus, beroch sie misstrauisch, probierte, schluckte und löffelte dann gierig eine Portion nach der anderen aus der Dose, die sie sich von der Pfote leckte.

»Gut, nicht?«, sagte Filou mit überlegener Kennermiene.

»Gibt's da noch mehr, wo das herkommt?«, fragte Luc schmatzend.

»Weiß nicht«, antwortete Filou unschuldig.

Er wollte und er konnte sein Paradies nicht an Luc verraten. Niemals. Auch wenn er ihr sein Leben schuldete.

SECHZEHN

Doch ein Gedanke ließ ihn nicht mehr los und beschäftigte ihn bis zum nächsten Tag. Er führte ein Doppelleben. Lebte nicht wirklich hier und nicht richtig dort. Wenn er ehrlich war, wusste er nicht, wie es weitergehen sollte.

Aber was tun?

Unwillkürlich lief er langsamer und überhörte sogar das heisere Kläffen des Dobermanns, der hinter seinem Zaun tobte.

Wie sich entscheiden?

Fast wäre er von einem Kinderwagen überfahren worden, den eine stämmige Frau resolut durch die Gegend schob.

Endlich war er am Kriegerdenkmal, wo er sich unter den duftenden Lavendel legen wollte, um nachzudenken. Doch da lag bereits jemand. Vor dem Denkmal ruhte ein weißes Etwas, den runden Kopf mit der schwarzen Schnauze auf die Pfoten gelegt. Fidel, der Mops. Der Dicke mit dem Ringelschwanz.

Filou fragte sich anteilnehmend, wie sich das anfühlte, so ein kleines Ringelschwänzchen zu haben anstelle des enormen Buschs, zu dem er seine Rute aufplustern konnte. Und überhaupt – wie war es wohl, ein Hund zu sein? Und auf »Platz!«, »Sitz!« und »Aus!« hören zu müssen? Bestimmt nicht angenehm.

Er kam näher. Und schon erblickte er den Beweis für die Schrecken eines Hundelebens. Es durchfuhr ihn eisig, als er sah, was man Fidel angetan hatte. Der Mops trug einen Lederriemen um den Hals, an dem wiederum ein anderer Lederriemen befestigt war, den man ans Eisengitter gebunden hatte, mit dem das Gärtchen zu Füßen des Denkmals umzäunt war. Was hatte sich der Mops zuschulden kommen lassen? Was bezweckten die Menschen mit einer solchen Strafe? Hatte er sich gewehrt? Lag er deshalb völlig erschöpft da, resigniert in sein Schicksal ergeben, seiner Freiheit beraubt zu sein?

Filou blickte sich um. Niemand zu sehen, kein Mensch in der Nähe. Trotzdem duckte er sich, als er zu dem Dicken hinüberschlich. »Hallo, Fidel«, flüsterte er ihm ins Schlappohr. »Kann ich dir helfen?«

Fidel gähnte, öffnete die großen dunklen Augen und schien eine Weile damit beschäftigt, Filou wiederzuerkennen. Endlich war der Groschen gefallen. »Ah, da ist ja mein roter Freund. Wie geht's uns denn heute?«

Mir geht's gut, hätte Filou am liebsten geantwortet, ich bin ja auch kein Hund. Aber das wäre ihm herzlos vorgekommen.

»Kannst du die Leine durchbeißen?«, fragte er. »Und was ist mit dem Halsband?«

»Was soll damit sein?« Fidel gähnte wieder. »Und warum sollte ich in die Leine beißen? Sie ist nicht sonderlich schmackhaft.«

»Ich würde dich gern befreien, wenn ich könnte«, sagte

Filou und testete mit den Zähnen die Qualität des Lederriemens. »Aber ich fürchte …«

»Mich befreien?« Fidel stellte die Schlappohren auf. »Aber wieso denn das?«

Das machte Filou für eine Weile sprachlos. Er hockte sich neben seinen Freund. Tatsächlich sah Fidel nicht wie jemand aus, der sich sonderlich unwohl fühlte.

»Sie haben dich gefesselt und angebunden«, sagte er schließlich. »Wofür bestrafen sie dich?«

»Bestrafen? Mich?« Der Dicke hob den Kopf und ließ ihn gleich wieder sinken. »Ach was. Der kleine Monsieur ist mal schnell in die Eisdiele und kommt gleich wieder. Ich bewache sein Eigentum.«

Jetzt sah Filou das Fahrrad, das hinter dem Mops am Gitter lehnte.

»Außerdem fühle ich mich weder gefesselt noch angebunden, ich trage meine Leine mit Stolz.«

»Aber – deine Freiheit?«, stammelte Filou.

Fidel stemmte sich auf die Vorderbeine, kam mühselig hoch und hockte sich neben Filou. »Wenn du mich fragst: Freiheit ist überbewertet«, sagte er. »Für mich heißt Freiheit: niemals mehr Hunger zu leiden und immer zu wissen, woher das Fressen kommt.« Er schüttelte sich, sodass sein Halsband klirrte.

»Das hier ist nebensächlich. Es ist nur ein Symbol für die tiefe Verbundenheit zwischen Herr und Hund. Es erinnert ihn daran, was er mir schuldig ist.« Fidel leckte sich die Lefzen. »Eine ordentliche Mahlzeit«, knurrte er. »Ich hab schon wieder Hunger.«

Filou sah den Mops fassungslos an. Niemals würde er sich ein Halsband umlegen lassen. Nie sich freiwillig in Knechtschaft begeben. Nie und nimmer und für keinen Preis.

»Glaub mir, Kleiner«, sagte der Mops. »Nichts geht über regelmäßige Mahlzeiten und ein warmes, trockenes Zuhause. Das wirst auch du noch begreifen.«

Ein schriller Pfiff ertönte, und Filou sprang erschrocken auf. Fidel aber öffnete sein Maul, ließ eine rote Zunge heraushängen und hechelte freudig, während sein Ringelschwanz kreiste. Er schien sich über den Anblick seines Herrchens unbändig zu freuen, das soeben um die Ecke kam. Der kleine Junge hatte eine Eistüte in der Hand, an der er leckte.

Filou machte sich peinlich berührt davon, während Fidel glückselig japste und keuchte.

Konnte die Freiheit von Mangel wirklich ein höheres Gut sein als die Freiheit, zu kommen und zu gehen, ganz, wie's beliebt?

Er saß die liebe lange Nacht unter dem abnehmenden Mond auf der Felsnase beim Roche du Diable und dachte über diese Frage nach. Am nächsten Tag zog er bei Marla ein.

SIEBZEHN

„Er bleibt bei mir, Maman, Papa, seht doch mal!«
Filou saß auf Marlas Arm und ließ sich klopfenden Herzens von ihr ins Haus tragen.

»Na, da bist du ja, du kleiner Prachtkerl.« Papa streckte eine große warme Hand aus und fuhr ihm über die Nase. »Das hast du ja geschickt eingefädelt. Jetzt werde ich dich wohl öfter zum Frühstück sehen, oder?«

Vorsichtshalber begann Filou zu schnurren.

»Ich hab dir doch gesagt, Papa, er ist ganz lieb!«, sagte Marla und drückte ihr Näschen in sein Fell.

Und dann kam Maman. Sie lächelte nicht, als sie ihn sah. Sie machte auch nicht »Minouminouminou«, so, wie er das sonst von Frauen kannte. Sie wollte ihn noch nicht einmal streicheln. Sie musterte ihn, lange, zu lange, nicht wirklich feindselig, aber bei Menschen wusste man nie. Filou wich ihrem Blick aus, machte sich ganz steif und presste seinen Kopf an Marla, die beruhigend auf ihn einflüsterte.

»Das also ist dein neuer Spielkamerad«, sagte Maman endlich. »Na gut. Es muss wohl sein. Aber als Erstes wird der Kerl entfloht. Und dann geimpft. Entwurmt. Und einen Schlafplatz braucht er auch. Er kommt mir nicht in dein Bett, Maria Lara, hörst du?«

Das alles klang nicht gut. Filou bereute seinen Entschluss bereits. Und als Maman wieder in der Küche verschwunden war, versuchte er, sich aus Marlas Umarmung zu befreien.

»Pscht«, machte sie. »Sie tut nur streng. Sie ist gar nicht so.«

Und tatsächlich stand Marlas Maman plötzlich wieder vor ihnen, ein Schüsselchen in der Hand, aus der es köstlich duftete.

»Der Kerl ist ja noch klein«, sagte sie und stellte den Napf auf den Boden. »Da darf er noch ein bisschen Katzenmilch schlecken.«

Marla setzte ihn neben das Schüsselchen und streichelte ihn, während er begeistert die leckere weiße Flüssigkeit aufschlabberte. Dann zeigte sie ihm eine große Wanne voll mit köstlichem weißem Sand, in dem er begeistert scharrte. Sein Nickerchen durfte er auf dem himmlisch weichen Polster eines Gartenstuhl halten, obwohl Maman protestiert hatte. »Ich will nicht, dass er mir alles vollhaart!«

Aber niemand hörte auf sie. Jetzt, langsam, glaubte Filou wieder ans Paradies. Deshalb ließ er es sich sogar gefallen, dass man ihm ein Band um den Hals legte, das aufdringlich roch. Es war nicht mit einer Leine verbunden, konnte also nicht wirklich gefährlich werden. Und wie hatte Fidel noch gesagt: »Freiheit von Mangel ist die wahre Freiheit.«

Als Marla ins Bett ging, trottete er satt und faul hinter ihr her.

»Maria Lara! Ich dulde kein Haustier in deinem Bett!« Die Maman. Das konnte ja heiter werden.

»Er hat sein eigenes Bett, Maman! Im Puppenwagen! Und er fürchtet sich, wenn er allein bleiben muss!«

Wer fürchtet sich? Ich? Filou streckte die Beine durch und ließ den leicht gesträubten Schweif provokant auf Halbmast wippen. Das war eigentlich unmissverständlich und hieß: Wer mich unterschätzt, ist selbst dran schuld.

Marlas Papa schien das begriffen zu haben. »Der und sich fürchten?« Der Mann lachte, fast so laut und lange wie damals, bei ihrer ersten Begegnung. »Was meinst du wohl, was so ein herrenloses Tier schon alles erlebt hat! Komm, Ivonne. Lass die beiden doch. Ein köstliches Paar!«

Filou schlief tief und ruhig und wachte erst auf, als Marla ihn an der Nase kitzelte. »Wach auf, Hübscher. Es gibt Frühstück.«

Frühstück fand draußen auf der Terrasse statt. Leider saß diesmal nicht nur Papa am gedeckten Tisch. Maman stand dabei und gab Kommandos.

»Das Tier darf nicht auf den Tisch, Maria Lara.«

»Nein, Maman«, sagte Marla brav und stellte Filou ein Schüsselchen mit köstlichem Katz-Gourmet auf den Boden, das er in Windeseile verputzte.

»Und es gibt auch keinen Schinken mehr. Das Tier soll sich gar nicht erst an das gewöhnen, was wir Menschen essen.«

»Er heißt Filou, Maman«, sagte Marla. »Und er ist ganz brav.«

»Und keine Häppchen zwischendurch. Einmal am Tag Futter reicht voll und ganz.«

Filou hörte nicht zu. Er war im Paradies. Die köstlichsten Düfte wehten vom Tisch her vor seine Nase, aber das alles interessierte ihn nicht, solange sein Napf gefüllt war. So konnte das Leben weitergehen: ohne die ewige Suche nach Futter. Ohne die Kämpfe vor dem Fischstand. Ohne die vier schwarzen Quälgeister und die zickigen Katzendamen. Ohne Kälte und Nässe und das Genöle von Luc.

»Wenn er zu viel frisst, wird er fett. Das ist nicht gut für ihn.«

Filou stellte die Ohren auf Durchzug. Maman. Schon wieder Maman. Waren alle Frauen so? Sie kam ihm vor wie Lucrezia. Immer meckern. Niemals still sein.

Und siedendheiß fielen ihm seine Pflichten ein. Ob Marla ihm auch jetzt noch ein Extradöschen geben würde? Oder war ab heute das Futter rationiert? Und – hatte er überhaupt noch Ausgang?

Lange musste er im Garten Bällchen fangen und Mäuschen jagen, bis sie ihn endlich erlöste. »Ich weiß, was du willst, Filou«, flüsterte sie, als er ermattet und schwer atmend unter dem Mimosenbaum lag. »Und ich hab da auch was für dich.«

ACHTZEHN

Er war noch nicht richtig bei Atem, und da sollte er schon wieder los? Es musste wohl sein. Filou rappelte sich hoch, packte das unhandliche Teil und trabte davon. Natürlich war er Marla unendlich dankbar, dass sie auch an Luc zu denken schien. Das Leben ist gut, dachte er und legte einen Schritt zu.

Wenn da nicht dieser Lärm wäre. Dieses blecherne Geräusch. Dies Geschepper und Gebimmel. Es war ganz in der Nähe, ja, es schien hinter ihm herzulaufen, doch wohin auch immer er den Kopf wandte: Er konnte nichts entdecken.

Als er durch die Ligusterhecke kroch, glaubte er für wenige Minuten, das Geräusch hinter sich gelassen zu haben. Doch beim Kriegerdenkmal war es wieder da, das wüste blecherne Getöse, diese Beleidigung für feine Katzenohren, das ihn ganz irr und wirr im Hirn machte.

Filou blieb stehen, ließ die Dose fallen und atmete tief durch. Ruhe. Himmlische Ruhe. Was für eine Erlösung.

Er schüttelte sich von der Schwanzspitze bis zum Kopf, wie befreit. Doch da war es wieder, das Gebimmel und Geschepper, heftiger und näher als zuvor. Ratlos kratzte er sich hinter seinen malträtierten Ohren – und endlich begriff er, was los war. Er trug das Gebimmel bei sich. Er *war* das Gebimmel. Man hatte ihm das Gebimmel ans Halsband gehängt.

Mit wachsender Verzweiflung lief er weiter. Er war nicht zu überhören. Das Glöckchen lockte sie an wie die Schmeißfliegen. Kurz vor der Ruelle des Camisards standen sie Spalier, seine Quälgeister, und bogen sich vor Lachen. Die schwarzen Brüder, die Teufelsbraten.

»Er trägt Krawatte!«, höhnte Maurice, der sich mit so was offenbar auskannte. »Und wie die ihm steht!«

»Vielleicht sollte man ihn daran an die Wäscheleine hängen? Damit er endlich trocken wird hinter den Ohren?« Diabolo kratzte sich am Kopf, als ob er ernsthaft über diese Möglichkeit nachdachte.

Nur Garibaldi lag eine Schlägerei näher als Spott. »Gleich gibt's hier Katzeklinik«, blubberte er und wollte sich an Magnifico vorbeidrängen. »Weiß wie ich mein?« Doch der Alte gebot ihm mit einer lässig ausgestreckten Pfote Einhalt.

»Spar dir die Mühe! Du hörst doch: Der Kleine ist in den richtigen Händen! Erst legen sie ihn an die Leine, dann werden sie ihn kastrieren, und endlich ist Ruhe im Karton.«

Gedemütigt lief Filou weiter, fröhlich bimmelnd. Er versuchte verzweifelt, den Kopf hochzuhalten, der immer schwerer wurde. Das lag nicht nur an der Dose im Maul. Das lag an einem Volltreffer in seine Katzenehre.

In der Ruelle des Camisards war es kühl und dunkel. Filou tauchte hinein wie in einen schützenden Raum. Hier würde ihm niemand auflauern. Und zur Rue Basse war es nicht mehr weit.

Doch das war ein Irrtum. Denn hier warteten zwei weitere Hauptdarsteller seiner Albträume: Maxim und Manon. Sie betrachteten irgendetwas im Rinnstein, wahrscheinlich eines ihrer armen Opfer. Er machte eine Vollbremsung und betete inständig, wenigstens dieses eine Mal unentdeckt an ihnen vorbeihuschen zu dürfen. Natürlich wurde sein Gebet nicht erhört – sobald er sich bewegte, schepperte das peinliche Glöckchen an seinem Hals.

Die Köpfe der beiden zuckten hoch.

»Maxiiiiim!« Manon kreischte auf, als sie ihn sah. »Nun guck dir den kleinen Teufel an!«

»Der Verbrecher! Schon wieder was geklaut! Schnapp ihn dir!«, brüllte Maxim. Und dann waren sie hinter ihm her.

Wieder rannte Filou um sein Leben, lief mit klopfendem Herzen am Zaun vorbei, hinter dem der Dobermann, der schwarze Mörder, bellte und geiferte, und sprang mit letzter Kraft das Kellerfenster in der Rue Basse hoch. Er legte Luc die Dose vor die Pfoten und kletterte ächzend auf sein Lager auf dem lieben alten Weinfass. Das gute Leben hatte seine Nachteile.

Er schloss die Augen und hörte Luc schaben und kratzen, bis sie die Dose aufgerissen hatte. Hörte sie schmatzen und kauen. Hörte sie schnarchen, als sie satt eingeschlafen war. Es war das Geräusch der Heimat, so ärmlich die auch immer sein mochte. Vielleicht sollte er bleiben, hier, im dunklen, heimeligen Verlies bei Luc.

»Was haben sie denn mit dir gemacht?«

Lucs Stimme riss ihn aus einem Traum, der so grässlich war, dass er für die Störung fast dankbar war.

»Haben sie dich schon kastriert?«

Kastriert! Kastriert! Was war das überhaupt? Und warum redete alle Welt darüber?

»Nein – wieso?«, fragte er vorsichtig.

»Du trägst ein Halsband.«

»Na und?«

»Nur Kastraten tragen Halsbänder«, sagte Luc verächtlich.

Filou erhob sich von seinem Lager, streckte sich ausgiebig und gähnte. Und schon meldete sich zurück, was er verdrängt hatte. Das Glöckchen bimmelte.

Im Nu hatte sich auch Luc erhoben, mit gesträubtem Fell und glühenden Augen. »Und nur Sklaven tragen eine Bimmel um den Hals!«, zischte sie. »Sieh bloß zu, dass du das Ding wieder loswirst! Verschwinde!«

Seit Zsazsas Tod hatte ihm nichts mehr so weh getan. Luc verstieß ihn. Sie verjagte ihn. Er hatte keine Heimat mehr. Mit einem klagenden Laut sprang Filou aus dem Fenster.

Bimmelnd lief er hinüber zu den Gärten am Bach, zum Gespött aller Mäuse, Eidechsen und Vögel, hockte sich auf die Mauer und dachte angestrengt nach. Es gab nur eins: Er musste das Mal seiner Demütigung, das Zeichen der Unfreiheit, wieder loswerden. Aber wie?

Mit Maul und Zähnen kam er nicht an das Glöckchen heran, auch seinen Krallen widersetzte sich das Ding. Und als er die Pfote zwischen Hals und Halsband steckte und zog, hätte er sich beinahe selbst erwürgt. Das Halsband lag eng an, und es wollte ihm einfach nicht gelingen, es zu lockern. Auch schien es recht robust zu sein, es würde schwer, ja unmöglich sein, es zu zerreißen. Wieder schob er die Pfote zwischen Hals und Halsband und prüfte den Abstand zwischen beiden. Es war knapp – aber vielleicht würde es ihm gelingen, das Ding abzustreifen.

Er senkte den Kopf, hob die Vorderpfoten bis hinter seine Ohren, krallte sich in das Band und versuchte, es sich über den Kopf zu ziehen. Doch so kunstvoll er sich auch verrenkte – es ging einfach nicht.

Mittlerweile stand die Sonne direkt über ihm. Es wurde immer heißer, selbst die Bienen summten langsamer. Doch endlich hatte er eine Idee. Er sprang von der Mauer.

Geduckt schlich er im Schatten der Häuser die Straßen hoch, bis er am Kriegerdenkmal angelangt war. Er zwängte sich durch eine Lücke im Zaun in sein Versteck. Der weißgestrichene Eisenzaun war alt und an vielen Stellen verrostet. Hier und dort war er gebrochen, und an der Stelle direkt vor seiner Nase ragte eine der Querstreben unverbunden heraus.

Das konnte die Lösung sein. Wenn er das Halsband genau hier einhakte, den Kopf senkte und zog ...

Filou zwängte seinen Kopf durch die Gitterstreben. Das war knapp, aber es ging. Jetzt das Halsband einhaken. Das war gar nicht leicht. Er brauchte fünf, sechs Versuche, hätte fast aufgegeben, weil es so heiß war und sich eine

Wespe viel zu intensiv für seine Nase interessierte. Aber dann hing das Halsband fest.

Er wartete, bis sich sein Atem beruhigt hatte, sammelte all seine Kraft, stemmte die Vorderpfoten in den Boden und zog. Seine Kehle schmerzte, und sein rechtes Ohr brannte höllisch, als etwas Scharfes, Metallisches an ihm entlangschrammte.

Dann war er frei.

Eine Weile lag er schwer atmend im Lavendel und konnte es kaum fassen. Dann sprang er vor Freude aus dem Stand über den Zaun, raste einmal um das Denkmal herum, rannte hinüber zum Petanqueplatz, warf sich in den feinen Sand, wälzte sich und schubberte jede Spur seiner Versklavung aus dem Pelz.

Er war frei. Aber durfte er ohne Halsband jemals wieder zurück zu Marla? Wie hatte Fidel es genannt? »Ein Symbol für die tiefe Verbundenheit zwischen Herr und Hund.«

Mag sein, dachte Filou. Aber ich bin kein Hund.

NEUNZEHN

Filou stand auf und schüttelte sich den Sand aus dem Pelz. Was sollte er jetzt tun? Wohin gehen? Gab es einen Weg zurück? Zu Luc – oder zu Marla?

Ein Laut ließ ihn aufblicken. Eine kleine Gestalt stand verloren unter dem Kriegerdenkmal. Marla. Sie schien zu weinen. Sie war allein. Sie war traurig. Das zerriss ihm schier das Herz.

Im Nu war er bei ihr, rieb sich an ihrem Bein, sah zu ihr hoch und gab einen sehnsüchtigen Laut von sich.

Sie stieß einen Schrei aus und beugte sich hinab. »Filou! Ich habe dich gesucht! Ich habe mir solche Sorgen gemacht! Ich dachte, dir ist was passiert!«

Ihre Tränen tropften auf seinen Pelz, als sie sich zu ihm herabbeugte, ihn auf den Arm nahm und ihm die Nase küsste. Wieder schrie sie leise auf. »Du blutest ja!«

Ist nur ein kleiner Kratzer, dachte Filou und drückte sich schnurrend an sie. Ich musste doch das blöde Ding loswerden. Das verstehst du hoffentlich.

Sie presste ihn an sich und lief mit wehendem Haar nach Hause. Dort wartete schon Maman.

»Da ist der Kerl ja wieder. Und wo ist das Halsband?«

»Keine Ahnung«, sagte Marla, holte eine Dose Katzenfutter aus dem Schrank, öffnete sie hektisch und hockte sich neben ihn, während er sich aufs Essen stürzte.

»Das wird teuer, wenn das so weitergeht.« Maman klang missbilligend. »Das nächste Halsband müssen wir ihm fester anlegen.«

»Aber vielleicht ist er damit hängen geblieben? Vielleicht hätte es ihn fast erwürgt?«

»Ach was. Er ist eben ein halbwildes Tier. Sperr ihn in dein Zimmer. Wir werden heute Abend einiges zu bereden haben.«

»Warte nur, Filou. Wenn Papa heimkommt, wird alles gut«, flüsterte Marla ihm ins Ohr, während sie ihn in ihr Zimmer trug. Filou war so erschöpft, dass es ihm nichts ausmachte, als sie die Zimmertür schloss. Zur Feier des Tages erlaubte er sich, auf ihr Bett zu springen und sich auf das Kopfkissen zu legen, das so gut nach ihr roch. Dann döste er ein.

Er erwachte auf Marlas Arm. »Wir müssen weg«, flüsterte sie. »Sei jetzt ganz still.«

Auf Socken schlich sie in den Flur. Aus der Küche hörte man laute Stimmen.

»Ich glaube nicht, dass es besonders human ist, das Tier seiner Freiheit zu berauben.«

»Papa ist auf unserer Seite«, flüsterte Marla und blieb vor der Küchentür stehen.

»Richtig, Frederick. Ganz richtig. Ich sehe das genauso. Und deshalb sollte der Kleine wieder dahingehen, wo er herkommt. Eine Straßenkatze wird nie ein Haustier.«

Sie klingt wirklich wie Luc, dachte Filou. Genauso – unnachgiebig.

»Aber Ivonne, er hat sich aus freien Stücken mit Marla

angefreundet. Das macht keine wilde Katze. Die beiden haben sich gesucht und gefunden. Warum lassen wir Marla dieses Erlebnis nicht?«

Fredericks Stimme war ganz anders. Ruhig. Unaufgeregt.

»Er ist nicht entfloht. Er ist nicht geimpft. Wahrscheinlich hat er Würmer.«

»Dagegen lässt sich was tun. Eins nach dem anderen.«

»Und er muss kastriert werden. Ich bestehe darauf. Es gibt viel zu viele streunende Katzen in Beaulieu, wir sollten nicht zu ihrer Vermehrung beitragen.«

Da war es wieder, dieses Wort. Filou machte sich ganz steif auf Marlas Arm.

»Du hast recht. Und es ist ja im Grunde ein harmloser Eingriff. Aber lass ihn erst mal heimisch werden bei uns. Dann sehen wir weiter.«

Ihm stockte der Atem. Frederick war also auch dafür. Für was auch immer es war.

»Hörst du?«, flüsterte Marla. »Und deshalb müssen wir weg. Komm mit.«

Sie öffnete die Haustür, ließ ihn herunterspringen, setzte sich auf die Treppenstufe und zog sich die Schuhe an. »Lauf«, sagte sie leise. »Aber warte auf mich.«

Es war zwar noch hell draußen, aber es musste schon spät sein, denn es war niemand mehr auf der Straße. Filou nahm Witterung auf und spitzte die Ohren. Es ging ein lauer Wind. Aus der Ferne hörte man Kampfgeschrei. Die Kater waren also beschäftigt. Ein Problem weniger.

Die nächste Hürde war größer. Wo sollten sie hin? Zu Luc, das war das Einzige, was ihm einfiel. Sie würde ihm Prügel androhen, gewiss. Aber was würde sie tun, wenn sie Marla sah? Würde sie sich wie eine Furie auf sie beide stürzen?

Filou beschloss, es darauf ankommen zu lassen. Mit erhobenem Schweif trabte er vor Marla her, über die Grande Rue, dann die Ruelle des Camisards herunter, und schließlich in die Rue Basse. Und schon waren sie vor dem Kellerfenster. Er sprang aufs Sims und sah Marla erwartungsvoll an.

»Hier wohnst du?«, flüsterte sie. Sie wirkte nicht gerade glücklich. Aber sie rüttelte mutig an der schäbigen Tür neben dem Kellerfenster, die sich knarzend öffnete. Luc fuhr fauchend von ihrem Platz auf dem Kohlenkasten hoch. Filou sah mit Verwunderung, dass sie sich ganz schnell wieder hinlegte, als sie das Mädchen im Türrahmen sah. Das schlaue Biest wusste offenbar, von wem sie nichts zu befürchten hatte.

»Filou! Du wohnst bei deiner Maman?« Marlas Stimme zitterte. Sie machte ein paar Schritte vorwärts, schien zu zögern. Doch dann zog sie die Tür hinter sich zu. In der Dunkelheit tastete sie sich vor und setzte sich neben Filous Weinfass. Und jetzt fing sie an zu schluchzen.

Es zerriss ihm das Herz. Er würde alles für sie tun. Er musste ihr helfen, sie trösten – aber wie? Als ihm endlich das Richtige eingefallen war, war es zu spät. Luc kam ihm zuvor. Die schlaue alte Luc. Sie kannte die Menschen. Sie wusste, was zu tun war.

Mit einem Satz war sie neben Marla, kletterte ihr auf den Schoß, rollte sich zusammen und ließ sich schnurrend von ihr kraulen. So getröstet, hörte Marla auf zu weinen. Und bald war sie eingeschlafen.

Filou aber lag allein auf seinem Weinfass und fühlte sich überflüssig.

»Gut gemacht, Kleiner«, flüsterte Luc nach einer Weile. »Das Mädchen ist unsere Fahrkarte ins Paradies.«

Zu spät. Das Paradies hat uns vertrieben, dachte Filou wehmütig. Er lauschte Marlas Atemzügen und fiel in einen unruhigen Schlaf.

Im Traum wurde er gejagt, nicht nur von einem Dobermann, nein, von einem ganzen Rudel riesiger Hunde mit gefletschten Zähnen, aus denen der Geifer troff. Sie kläfften und bellten, sie hörten gar nicht mehr auf zu kläffen und zu bellen. Seltsam war nur, dass ihr Gebell nicht tief und bedrohlich klang, sondern so hell und aufgeregt wie das Gekläff von Yapper, wenn Maxim oder Manon mit ihm Gassi gingen.

Langsam wurde Filou wach. Es bellte noch immer. Draußen vor der Tür. Dann hörte er Stimmen. Und endlich flog die Tür auf. Yapper stürmte vor Erregung zitternd herein.

Lucrezia war mit einem Satz auf dem Kohlenkasten und fauchte. Filou machte einen Buckel und bauschte den Schweif. Welche Teufelei mochten sich Maxim und Manon ausgedacht haben? Doch in der Tür stand Marlas Vater, Frederick. Hinter ihm sah man die neugierigen Gesichter von Maxim und Manon.

»Yapper hat dauernd so rumgeschnüffelt«, sagte Maxim wichtig.

»Und da dachten wir, da ist vielleicht was Totes im Keller«, assistierte Manon mit enttäuschter Hoffnung in der Stimme.

Frederick war mit ein paar Schritten bei Marla und nahm sie auf den Arm. »Mein kleines Mädchen«, flüsterte er und küsste sie. »Was hast du uns für einen Schreck eingejagt. Maman ist ganz krank vor Sorge.«

Marla schluchzte auf.

»Ist es wegen Filou?«

Sie schluchzte noch lauter.

»Aber deshalb musst du doch nicht weglaufen. Wir tun ihm nichts. Er ist es nur nicht gewöhnt, in einem Menschenhaushalt zu wohnen. Und da gelten eben ein paar andere Regeln.«

»Aber Papa«, sagte sie. »Filou ist doch nur deshalb immer ausgerissen, weil er zu seiner Maman musste! Sieh doch nur!« Sie ließ sich von ihm absetzen und zeigte mit dem Finger auf Lucrezia. Luc hatte sich auf ihren Platz gelegt, den Kopf auf die Pfoten gebettet und die Szene mit großer Aufmerksamkeit studiert. Als Frederick sich zu ihr umdrehte, legte sie sich auf die Seite und begann, schwer zu atmen.

Du Biest, dachte Filou hilflos. Du verdammtes raffiniertes Biest.

»Sie ist krank. Und unser Filou hat ihr Futter gebracht.« Marla zeigte auf die leeren Dosen neben Lucrezias Schlafplatz.

Frederick schüttelte staunend den Kopf. Doch Filou spürte, wie gerührt er war. Er sah das Unausweichliche kommen.

»Wir müssen sie mitnehmen. Sie braucht Pflege«, sagte Marla. »Dann wird Filou auch nicht mehr fortrennen, gell, Hübscher?« Sie fuhr ihm mit der kleinen weichen Hand über den Kopf.

Er schmiegte sich an sie. Doch seine Gedanken waren düster. Wenn du wüsstest, was du uns da an den Hals gewünscht hast, Marla. Wenn du nur wüsstest.

ZWANZIG

Es musste ein merkwürdiger Anblick sein, ihre kleine Prozession: Frederick trug Luc, die sich halbtot stellte, und Marla hatte Filou auf dem Arm, der sich auf eine Standpauke gefasst machte. Würde Ivonne ihn gleich verjagen? Ihm wieder mit Kastration drohen? Und würde Luc bleiben dürfen? Aber Ivonne schimpfte nicht, Ivonne weinte, während sie neben Marla kniete, bis auch Marla weinte, ihr die Arme um den Hals legte und »Liebste Maman« wisperte.

Und so zog Lucrezia in Filous eifersüchtig gehütetes Paradies ein. Er fürchtete das Schlimmste. Und wer hätte es gedacht: Das Schlimmste trat ein.

Lucrezia, das arme schwache Tier, wurde in ein weich gepolstertes Körbchen gebettet und war im Handumdrehen Mamans Liebling. Ivonne fütterte sie mit erlesenen Häppchen, striegelte ihr das Fell, stutzte ihr die Krallen und ließ sich dafür die Hände lecken.

Filou aber musste wieder einmal um seinen Platz in der Welt kämpfen. Denn Luc war noch immer und ganz und gar die Alte.

Sie legte es darauf an, ihn wie einen unerzogenen Barbaren, einen Gossenrowdy erscheinen zu lassen. Wann immer Ivonne in der Nähe war, tat sie, als ob sie Angst vor ihm hätte, duckte sich, machte sich ganz klein, legte die Ohren an. Ganz zu Anfang hatte er das Theater nicht ernst genommen, nahm es als Aufforderung zum Spiel und war auf sie zugesprungen. Daraufhin stieß sie einen derart markerschütternden Klagelaut aus, dass Ivonne herbeistürzte, sie aufnahm, herzte und küsste – und den bösen roten Kater verscheuchte.

Filou begann, Luc aus dem Weg zu gehen. Das war nicht wirklich schwierig, denn Marla spielte, wie er, am liebsten draußen im Garten. Wenn sie die verblühten Rosen abschnitt, stöberte er zu ihren Füßen nach krabbelnden Käfern und interessanten Gerüchen. Wenn sie am Tisch saß und malte, lag er neben ihr und träumte. Und wenn beiden langweilig wurde, jagte er die Bällchen, die sie ihm warf, sprang immer weiter und schraubte sich immer kunstvoller in die Höhe, bis ihm sogar Ivonne applaudierte.

Mittlerweile wagte sich auch Lucrezia nach draußen, wenn Ivonne auf der Terrasse saß und Bücher las oder Gemüse putzte, und ruhte vornehm auf der Bank, auf ein weißes Kissen gebettet. Wie es einer Prinzessin gebührte. Nichts erinnerte an die herrische Furie, die noch vor kurzem vier Kater und einen Dobermann in die Flucht geschlagen hatte.

Filou ignorierte sie nach Leibeskräften. Und das war sein größter Fehler.

Hätte er die Zeichen lesen können? Sicher, er hatte in den vergangenen Nächten kaum geschlafen, weil er schlecht geträumt hatte. Und das war eigentlich kein Wunder: Die Luft vibrierte geradezu von den Schreien der Kater Beaulieus. Warum sie sich zu gewissen Zeiten wie die Besessenen prügelten, verstand er bis heute nicht. Er verspürte keine Lust, sich einzumischen – er war froh, dass er die Quälgeister endlich los war.

Wie also hätte er vorhersehen können, was am nächsten Tag geschah?

Der Tag begann friedlich. Frederick war wie immer früh zur Arbeit gefahren, er besaß eine Autowerkstatt, weshalb er mit ölverschmierten Pranken nach Hause kam und auch noch nach dem Duschen nach Benzin und Öl roch. Filou mochte diesen Geruch nicht – Frederick selbst aber war in Ordnung.

Ivonne saß wie immer morgens in ihrem Arbeitszimmer. »Sie malt Bilder«, hatte Marla ihm einmal erklärt, und er begriff, dass das etwas Großartiges sein musste. Marla selbst war nicht da, sie ging seit einigen Tagen auf die höhere Schule in der Stadt.

Am späten Nachmittag brachte Ivonne Papier und Kreidefarben auf die Terrasse und setzte sich an den Tisch, Luc im Gefolge. Filou lag unter dem Mimosenbaum und schaute nicht hin. Es war besser, wenn Luc ihn gar nicht wahrnahm.

Aber sie hatte ihn im Blick, das spürte er. Und als Ivonne ins Haus verschwand, weil Marla von der Schule zurückgekommen war und nach ihr gerufen hatte, stand Luc plötzlich vor ihm und grinste ihn scheinheilig an.

»Wer ist schneller, du oder ich?«

»Na, ich«, antwortete Filou unvorsichtigerweise. »Du hast es doch in den Gelenken.«

»Wollen wir wetten?«
»Ach komm, sei nicht albern, Luc.«
»Drückeberger!«
»Also hör mal!«
»Weichei!«
»Was soll das?«
»Also was ist? Kommst du?« Sie streckte sich kokett.

Er fügte sich in sein Schicksal und ließ sich auf das Spiel ein. Er rannte los.

Sie hinter ihm her. Er war schnell. Aber sie war nicht viel langsamer.

Runde um Runde hetzten sie durch den Garten, an der Buchsbaumhecke entlang bis zur Steinlorbeerhecke auf der anderen Seite und wieder zurück.

Ein wütender Aufschrei: Ivonne. Aber Luc reagierte nicht. Auch Filou lief wie mechanisch weiter.

»Willst du wohl aufhören, deine Mutter zu jagen, du rotes Biest?« Ivonne war auf die Terrasse getreten, hinter ihr Marla.

»Sie spielen doch nur!«, rief Marla. Filou hörte ihrer Stimme an, dass auch sie sein Verhalten merkwürdig fand.

»Lass uns aufhören«, keuchte er. Aber Luc antwortete nicht.

Filou wurde langsamer, drehte sich um, suchte nach ihr. Luc war verschwunden. Irgendetwas sagte ihm, dass er besser stehen blieb, jetzt, sofort, bevor es wieder ein Drama gab. Aber es war zu spät.

Luc hockte geduckt vor ihm, direkt in seinem Weg. Er

konnte nicht mehr bremsen. Er landete auf und über ihr. Sie stieß einen nervenzerfetzenden Schrei aus.

Doch noch schrecklicher, noch viel viel schrecklicher, war das Geschrei, das Ivonne anstimmte. Spätestens jetzt wusste er, dass alles vorbei war.

Filou verkroch sich in der Steinlorbeerhecke und ließ sich selbst von Marla nicht hervorlocken. Am Abend, als auch Frederick zu Hause war, tagte das Familiengericht am Terrassentisch. Luc war natürlich dabei, sie thronte auf ihrem weißen Kissen und bemühte sich, erniedrigt und beleidigt auszusehen. Filou beobachtete das ganze Theater aus seinem Versteck und bewunderte Lucs Gerissenheit, während ihn Trauer und Angst fast zerrissen.

»Ach komm, er wird doch wohl nicht seine eigene Mutter gejagt haben – ich meine, so wie ein Kater eine Katze …?« Frederick, das hörte man ihm an, glaubte nicht, was Ivonne gesehen haben wollte. Aber die kannte keine Zweifel und keine Gnade.

»Ich hab es doch genau gesehen! Erst hat er sie gejagt und dann – bestiegen. Du hättest sie mal hören sollen, wie das arme Ding schrie! Das ist nicht mehr zu ertragen. Du musst ihn zum Arzt bringen. Marla hilft dir dabei.«

Filou kroch tiefer ins Gebüsch und fühlte sich elend. Obwohl er nicht wusste, welches Verbrechen er begangen hatte, begriff er, dass er schuldig war. Als Marla abends im Bett lag, schlüpfte er in ihr Zimmer, kroch neben sie aufs Kopfkissen und kuschelte sich an sie. Es würde das letzte Mal sein. Er musste Abschied nehmen.

»Filou?« Sie war noch wach. Sie nahm ihn in den

Arm und küsste ihn auf die Nase. »Du bist mein bester Freund.«

Gott sei Dank weinte sie nicht, das hätte er kaum ertragen.

»Du musst fort. Das weißt du, oder?«

Er verbarg seinen Kopf in ihrer Hand.

»Aber ich lass dich nicht im Stich, hörst du? Wir treffen uns beim Kriegerdenkmal. Jeden Nachmittag, nach der Schule.«

Er fuhr ihr mit der rauen Zunge über die Nase. In den frühen Morgenstunden sprang er vom Bett.

Dann entließ er sich selbst in die Freiheit, die sich kalt und erbärmlich anfühlte. Freiheit war schön und gut. Aber das Paradies war besser.

EINUNDZWANZIG

Das Leben hatte seinen Glanz verloren. Ein Tag war wie der andere. Manchmal schlief Filou nachts im Keller, allerdings nicht mehr auf dem alten Weinfass, sondern auf Lucs weit komfortablerem Hochsitz. Oft wanderte er den Roche du Diable hoch, setzte sich auf seinen Beobachtungsposten auf der Felsnase und sah zu, wie der Mond über den Himmel hetzte und Beaulieu in kaltes Licht tauchte. Die Tage verdöste er auf der Friedhofsmauer, so lange, bis er den Schulbus hörte, der sich täglich um die gleiche Zeit die schmale Straße nach Beaulieu hochkämpfte. Dann lief er hinüber zum Kriegerdenkmal und hockte sich hinter den Zaun in den längst verblühten Lavendel, um auf Marla zu warten.

Sie brachte ihm immer etwas mit, sah ihm beim Fressen zu und streichelte und liebkoste ihn, bis er selig schnurrte. Doch er spürte, wie traurig sie war.

»Der Sommer ist vorbei«, sagte sie irgendwann. »Was wird aus dir im Winter?«

Er wusste nicht, was Winter war, aber das Wort weckte seine Erinnerung: an kalten Wind, Regen, Dunkelheit. Aber er erinnerte sich auch an verdämmerte Tage im Kinderwagen auf dem Dachboden, eng an Zsazsa gekuschelt. An wohlige Wärme, süße Milch und die zärtliche Zunge seiner Mutter.

So einen Winter würde es für ihn nie wieder geben. Wenn er sich wenigstens in das warme Bett von Marla verkriechen könnte, wenn es draußen stürmte! Doch auch das war vorbei. Er steckte seinen Kopf in Marlas Hand. Er war mindestens so traurig wie sie.

Und eines Tages kam sie nicht um die gewohnte Zeit. Filou wartete, geduldig, er wusste ja, dass sie ihn nicht im Stich lassen würde. Aber sie kam nicht an diesem und auch nicht am nächsten Tag. Als sie auch am übernächsten Tag nicht kam, legte er sich in den Lavendel und beschloss, nie wieder aufzustehen.

Um Zsazsa hatte er getrauert, wie man das tut, wenn man klein ist: untröstlich und mit wütender Verzweiflung. Der erwachsene Schmerz fühlte sich anders an. Bitterer. Wenn Marla ihn verlassen hatte, dann war er von der Welt verlassen.

Tagelang lag er so, versunken in seine Trauer. Deshalb nahm er erst gar nicht wahr, dass ihn jemand rief. Ein zartes Stimmchen, zitternd vor Besorgnis.

Er rappelte sich hoch und zwängte sich durch den Zaun. Da stand sie, Marla, ganz blass und dünn geworden.

Sie war krank gewesen. Danach hatte man sie tagelang nicht aus dem Haus gelassen. Sie hatte ihn entsetzlich vermisst. Und sie hatte ihm etwas mitgebracht.

Aber er spürte keinen Appetit. Er kroch auf ihren Schoß, rollte sich zusammen und wünschte, sie würde nie wieder fortgehen.

ZWEIUNDZWANZIG

Es wurde Herbst. Es ging auf den Winter zu. Die Sommergerüche wichen dem Duft von moderndem Laub und feuchter Erde. Noch immer ging Filou allen Katzen aus dem Weg, doch seit man das Kampfgeschrei der Kater nur noch selten hörte, traute er sich nächtens wieder ins Dorf, prüfte die Gerüche und Duftspuren und setzte seine eigenen Wegmarken.

Seine Wege wurden länger. Irgendwann wagte er sich sogar hoch ins Viertel oberhalb der Kirche, wo die Häuser standen, die nur während der Touristensaison bewohnt waren. Es sei unheimlich da oben, hatte er sagen hören, ein Spuk gehe um, wenn die Ferienhausbesitzer zurück in ihre Heimat gefahren waren und die Häuser leer und kalt und dunkel in den verwilderten Gärten lagen. Ihm war nie ein Gespenst begegnet, er hatte nur Fledermäuse getroffen, die über seinen Kopf hinweghuschten, ganz nah, aber nie so, dass er sie erwischen konnte. Und ein Liebespaar, das er durchs Parterrefenster in eines der Häuser hatte steigen sehen.

Doch vielleicht hatte jemand den alten Mann mit einem Geist verwechselt, der im üppigen Park einer Villa im Gartenhaus wohnte? Filou hatte einmal die halbe Vollmondnacht neben dem freundlichen Greis mit der sanften Stimme verbracht, sich neben ihn auf die Bank vor der

Hütte gesetzt und beruhigend geschnurrt, während der alte Herr ihn streichelte. Der fütterte ihn nicht, der hatte selbst nicht genug zu kauen. Aber er konnte Gedichte. »Il pleure dans mon cœur comme il pleut sur la ville«, daran erinnerte er sich.

Doch eines Nachts, als er von einem dieser Ausflüge zurückkehrte und bei der Kirche abbog, dachte auch er an Gespenster. Aus einem Hinterhof hörte er seltsame Laute, es scharrte und wisperte, so klangen weder Mäuse noch Nachtvögel oder gar Menschen. Vorsichtig lugte er um die Ecke. Was er sah, war gespenstisch genug: Es mussten sämtliche Katzen der Umgebung sein, die sich dort versammelt hatten und auf Mülltonnen und Fenstersimsen hockten, auf Treppenstufen und in Blumentöpfen. Sein Instinkt riet ihm zur sofortigen Flucht. Aber seine Neugier siegte. Er kroch näher.

Irgendetwas stimmte hier nicht. Diabolo stand auf einer Mülltonne, machte einen Buckel und bauschte den Schweif. »Wir haben uns heute versammelt, um Schluss zu machen mit der großen Lebenslüge unserer Zeit!«

»Bravo!«, rief einer vom Fenstersims herab.

»Ein Ende der Lügenpropaganda! Ein Ende der Diskriminierung und Verfemung!«

»Du sagst es!«, scholl es ihm entgegen.

»*Wir* sind die Entrechteten! Die Erniedrigten! Die Beleidigten und Geknechteten!«

»Hört, hört«, murmelte es aus der Versammlung.

»Und deshalb sage ich euch, hier und heute: Wir lassen uns nicht länger unterdrücken!«

Er sah beeindruckend aus. Und diese Stimme!

Endlich begriff Filou, was fehlte: Katzen. Wer sich hier versammelt hatte, waren die Kater der Umgebung. Und endlich verstand er auch, warum.

»*Wir* sind die Kater! Wir sind das Volk!«, schmetterte der große Schwarze.

»Sehr richtig!«, murmelten die anderen im Chor.

Diabolo senkte die Stimme. »Sie benutzen uns. Sie vergewaltigen uns. Und wenn sie uns nicht mehr brauchen, jagen sie uns fort!«

»Du sagst es!«, ertönte es aus allen Richtungen.

Mit einem eleganten Sprung brachte sich ein weiterer Kater auf der Mülltonne neben Diabolo in Position, ein großes, mächtiges Tier. Magnifico.

»Brüder. Wir müssen das Terrorregime der Katzen beenden. Wir wollen wieder Herr im eigenen Haus sein.«

Zustimmendes Gemurmel. Nur ein Jungkater wagte mit dünnem Stimmchen Einspruch. »Aber meine Maman ...«

Filou stockte der Atem. Einige zischten. Andere lachten.

»Ach, die Maman! Komm wieder, Kleiner, wenn du erwachsen bist«, sagte Magnifico großmütig. »Deine Maman ist nicht das Problem. Maman können sie gut, die Weiber. Aber was danach kommt ...«

Alles stöhnte und fauchte.

Filou hätte fast mitgefaucht und geklagt. So war es, genauso! Auch er ließ auf seine Maman nichts kommen, natürlich nicht. Aber wie tückisch Weiber sein konnten, das hatte er durch Luc erfahren. Dass sie einen benutzten und belogen und betrogen und verrieten, wo sie nur konnten. Plötzlich stieg eine unvertraute Wut in ihm hoch. Luc hatte ihn um alles gebracht, was er liebte. Sie hatte sich in seinem Paradies eingenistet und ihn daraus vertrieben. Sie war heimtückisch. Sie war egoistisch. Sie war böse.

»Sie beanspruchen die besten Bissen. Sie wollen Sex nur dann, wenn es ihnen passt. Sie verjagen uns, wenn sie bekommen haben, was sie wollen. Sie sind eine parasitäre, ausbeuterische Klasse. Sie müssen weg.«

Aus jedem Wort sprach die Wahrheit, fühlte Filou. Was er lange schon gespürt hatte – hier wurde es ausgesprochen. Einer der Kater trommelte mit den Pfoten auf die Mülltonne. Andere schlossen sich an. Ein frenetisches Getrampel setzte ein, das erst aufhörte, als über ihren Köpfen ein Fenster aufging und jemand »Ruhe!« schrie.

In diesem Moment trat Filou vor. Jetzt galt es. Jetzt musste er sich bekennen. Er landete mit elegantem Sprung direkt neben Diabolo. »Ich bin dabei«, sagte er einfach. »Ich bin betrogen und belogen worden, verraten und verjagt. Man hat mich um alles gebracht, Liebe, Heimat, regelmäßige Mahlzeiten ...«

Es war mucksmäuschenstill. Dann räusperte sich einer der Kater. Garibaldi sprang neben Magnifico.

»Was willstu, Kleiner?«, blubberte er.

Filou hielt die Stellung. »Ich bin für die Revolution«, sagte er. »Ich bin gegen das Terrorregime der Katzen. Ich will kämpfen.«

»Gut«, sagte Diabolo. »Wir brauchen jeden Mann. Aber bist du überhaupt ein Kater?«

Einige da unten lachten. Garibaldi schob sich näher an ihn heran und senkte den dicken Kopf. Filou spürte, wie sich jedes Härchen in seinem Pelz aufrichtete. Er hörte es knistern, als sein Schwanz sich bauschte. Dann drehte er sich um und fixierte den Einäugigen.

Garibaldi nahm die Kampfansage an und starrte zurück. Ob er sich wohl benachteiligt fühlte, weil er nur ein Auge hatte, mit dem er den Gegner fixieren konnte? Sicher hob das seine Stimmung nicht. Filou machte sich besser aufs Äußerste gefasst.

Garibaldi legte die Ohren an und ließ ein anschwellendes Knurren hören. Diabolo und Magnifico sprangen herab. Jetzt standen sich nur noch zwei gegenüber, Mülltonne an Mülltonne. Er oder ich, dachte Filou. So ist das. So war es schon immer. Und so muss es wohl sein.

Er holte tief Luft. Er spürte, wie das Publikum zu Füßen ihres Kampfplatzes flüsterte und raschelte. Und dann ließ er los. Er begann mit einem einfachen Drohlaut, schraubte dann die Stimme langsam hoch, immer höher, zu einem erbitterten Crescendo, bis er sah, dass Garibaldi sich zum Sprung zusammenkrümmte. Filou war schneller. Er griff als Erster an.

So kennst du dich gar nicht, dachte er noch. Und er kannte auch nicht das Gefühl triumphierender Wut, mit der er sich in die Luft katapultierte, um sich mit ausgestreckten Klauen auf den anderen zu stürzen. Alles, was sich so lange schon in ihm aufgestaut hatte, wurde reine Energie, brach aus ihm heraus, ballte sich in diesem Sprung.

Garibaldi wich mit knapper Not aus und begann seinerseits einen gurgelnden Schrei, der Filou durch Mark und Bein ging.

Jetzt war er es, der zurückwich und lauerte und wartete. Garibaldi maulte und grollte und plusterte sich bedrohlich auf. Doch als er lossprang, war Filou längst in der Luft. Jetzt zahlte es sich aus, dass er wochenlang mit Schmetterlingen und Marlas Bällchen geübt hatte: Er konnte in der Luft Pirouetten drehen, die Richtung wechseln, ja, geradezu fliegen – unkalkulierbar für einen Gegner wie Garibaldi, der den dicken Kopf mit dem einen gesunden Auge nicht schnell genug bewegen konnte, um diesem Tanz zu folgen.

Es war nun ganz still. Filou und Garibaldi sprangen und flogen und schwebten und berührten kaum noch den Boden. Man hörte sie keuchen, aber keiner der beiden wurde laut. Schreie gehörten zum Vorspiel. Das hier war ernst.

Filou spürte, dass er der Überlegene war. Aber er zögerte, seinen Vorteil auszunutzen. Er hatte diesen Kampf nicht gewollt, er war ihm aufgezwungen worden. Eigentlich war er nur hier, um gegen das Terrorregime von Luc zu kämpfen, gegen die Vorherrschaft der Katzen, aber nicht gegen einen der Kater, mit denen er sich doch verbrüdern wollte. Außerdem war der andere im Nachteil, und das nutzte man nicht aus.

Doch es musste eine Entscheidung geben, bald. Garibaldi atmete schwer, und auch Filous Sprünge waren nicht mehr so lässig und leicht wie zu Anfang. Er musste angreifen, musste den Gegner am Nackenfell packen, musste ihn zu Boden zwingen. Oder so lange weiterkämpfen, bis Garibaldi das Feld räumte, mit eingezogenem Schwanz und gebrochenem Stolz.

Nur kurz verschaffte ihm der Gedanke an eine Rache für vergangene Kränkungen Befriedigung. Denn ein gedemütigter Garibaldi würde nie sein Freund werden, noch nicht einmal sein Kumpel, und Filou würde nie dazugehören zu der verschworenen Bande der Kampfkater von Beaulieu. Doch er wollte dazugehören, jetzt, endlich, mehr als jemals zuvor. Er wollte nie mehr allein sein.

Unversehens wurde der Kampf entschieden, von oben, wenn auch nicht vom lieben Gott. Als Garibaldi seine letzten Kräfte sammelte, um Filou zu erledigen, der auf die Mülltonne nebenan gesprungen war und nervös tänzelte, als er einen letzten martialischen Schrei ausstieß und zum Sprung ansetzte, ergoss sich ein Schwall kaltes Wasser über den Schwarzen. Mit einem entsetzen Kreischen sprang Garibaldi von der Tonne und lief davon.

Oben knallte ein Fenster zu.

Die anderen Kater murmelten und murrten, und einige schlichen sich fort. Doch Magnifico blieb, sprang hoch zu Filou und sah ihn beängstigend lange an. Filou aber wich seinem Blick nicht aus.

»Du bist gut«, meinte der Alte schließlich.

Filou leckte sich verlegen die Flanke.

»Doch wenn man Garibaldi nicht mit Wasser überschüttet hätte, wäre die Sache womöglich anders ausgegangen.«

»Sicher, das war unfair«, sagte Filou. Er zögerte. So

leicht wollte er sich seinen Sieg denn doch nicht nehmen lassen. »Aber …«

»Kein Aber. Der Kampf ist unentschieden ausgegangen. Ich möchte keinen Gesichtsverlust für Garibaldi, hörst du?«

Filou nickte. Er verstand. Im Kampf gegen das Terrorregime der Katzen wurde jede Pfote und jede Kralle gebraucht. Er gab Magnifico feierlich sein Wort.

DREIUNDZWANZIG

Als Filou am nächsten Tag durchs Dorf trabte, war er nicht mehr Filou, der Kleine, der aus dem Weg zu gehen hatte, wenn andere ihm entgegenkamen – daran war er gewöhnt. Er war über Nacht eine Respektsperson geworden, der man sich unterwürfig näherte, wenn überhaupt. Das war gewöhnungsbedürftig.

Auch, dass die vier Schwarzen ihn bereits auf der Mauer zum Park hinter dem Marktplatz erwarteten, dass Maurice ihm zur Begrüßung einen freundlichen Nasenstüber versetzte und Diabolo seine Schulter an ihm rieb, war neu. Garibaldi tat zwar nicht ganz so kumpelhaft, murmelte aber immerhin: »Respekt!«, als er neben ihn auf die Mauer sprang.

»Hallo, Geronimo«, sagte Magnifico.

»Geronimo?«

»Das ist dein geheimer Kampfname. Geronimo, der rote Rächer.«

Maurice gähnte und inspizierte die sauber geschliffenen Krallen seiner rechten Vorderpfote. »Du weißt schon. Der Apachenhäuptling.«

Filou wusste gar nichts, und das sah man ihm wahrscheinlich auch an.

»Die Schlacht von Sonora? Nein?«

Filou schüttelte den Kopf.

»Kennt doch jeder«, murmelte Diabolo und gähnte. »Das ist die Frau vom Metzger.«

Angeber, dachte Filou.

»Geronimo war ein Schamane, ein mächtiger Häuptling«, dozierte Maurice und widmete sich den Krallen der anderen Pfote. »Wenn man auf ihn schoss, wurden die Kugeln zu Wasser und perlten an ihm ab.«

»Wasser? Wo?« Garibaldi schreckte hoch.

»Es ist jedenfalls ein sehr ehrenhafter Kampfname«, sagte Magnifico. »Wenn es zum Äußersten kommt, wirst du als Geronimo in unseren gerechten Kampf ziehen. Ende der Debatte.«

»Wir gehen jetzt an die Arbeit, Kleiner«, verkündete Diabolo. Als alle ihn anstarrten, kratzte er sich verlegen hinter dem Ohr. »Filou, wollte ich sagen.«

Was das für eine Arbeit war, merkte Filou erst, als sie auf dem Markt eintrafen, wo die Händler bereits aufräumten und die Katzen der Umgebung vor dem Fischstand anstanden. Diabolo sprang auf sie zu und patrouillierte mit herrisch peitschendem Schwanz an einer Seite der Schlange entlang, Filou hatte die Aufgabe, auf der anderen Seite das zu verbreiten, was Diabolo Disziplin nannte – also Angst und Schrecken. Die Parole: »Beiß alles weg, was aus der Reihe tanzt oder nicht dazugehört.«

»Und was – gehört nicht dazu?«, hatte Filou gefragt, dem unbehaglich zumute war. Monatelang war er derjenige gewesen, der weggebissen wurde. Und nun sollte er über das Schicksal anderer bestimmen?

»Katzen, die zu Hause jeden Tag ihre Dose kriegen, wie

die da«, grummelte Diabolo und zeigte auf Mimi, die sich hinter Mignons verfilztem Pelz zu verstecken versuchte. »Die so viel haben, dass sie immer die Hälfte stehen lassen.«

Das leuchtete ein. Mit den opportunistischen Nutznießern des Systems musste man wirklich nicht die paar Happen teilen, die beim Markt abfielen. Und wenn er an die Hiebe dachte, die Mimi ihm versetzt hatte, damals, als er noch klein war ...

Er schlenderte hinüber zu den beiden Katzen. Mignon begrüßte ihn verdächtig freundlich. Mimi wich seinem Blick aus.

»Geh nach Hause«, sagte er zu ihr. »Du gehörst nicht hierhin.«

Er erwartete Widerworte. Tatzenhiebe. Gezische und Gefauche. Und er hatte, trotz aller revolutionären Sprüche, Angst davor, zurückzufauchen – oder gar zurückzuschlagen. Doch sie gab keinen Laut von sich, senkte den Kopf, duckte sich zur Seite und schlich davon.

Er aber stand da und wusste nicht, wie ihm geschah. Er ließ das Erlebnis wirken, horchte ihm hinterher, spürte tief in sich hinein und fühlte es endlich perlend emporsteigen, ein exquisites, nie gekanntes Gefühl: Er war kein Kätzchen mehr, das man herumschubsen konnte.

Er war Filou, Kampfname Geronimo, der rote Rächer, er war ein freier Kater, der tun konnte, wie ihm beliebt. Der nichts und niemandem gegenüber verantwortlich war. Und der seine Freiheit verteidigen würde bis aufs letzte Barthaar.

VIERUNDZWANZIG

Und so vergingen die Tage, in einem Leben voller Möglichkeiten: Man konnte träumend in der Sonne liegen, dort, wo die Herbstsonne noch wärmte. Man konnte durch die Katzenklappe in die Auberge Fleuri einsteigen und Mimi das Futter wegfressen. Man konnte durch den Wald streifen mit Maurice, dem es nichts auszumachen schien, dass er seine Beute mit Filou teilen musste, der das Mausen noch immer nicht beherrschte.

»Filou, mein Bruder, nimm hin und iss«, pflegte Maurice spöttisch zu sagen und ihm das Vorderteil der Maus zu überlassen, die er ganz nebenbei am Wegesrand abgegriffen hatte.

Und man konnte nachts mit den Brüdern in den Mond schauen und einvernehmlich schweigen. Oder revolutionäre Reden schwingen.

An einem dieser sternklaren und schon empfindlich kalten Nächte saßen sie oben beim Roche du Diable auf der Felsspitze, von der aus man den perfekten Blick auf Beaulieu hatte, hielten die Nase in den Wind und schworen sich wieder einmal, dass sie sich niemals unterwerfen würden.

»Wir wollen sein ein einzig Volk von Brüdern«, murmelte Maurice verträumt. »In keiner Not uns trennen und Gefahr.«

»Wir wollen frei sein«, deklamierte Magnifico andächtig, »wie die Väter waren.«

»Eher den Tod, als in der Knechtschaft leben«, trompetete Diabolo.

Filou war beeindruckt, setzte sich auf und gab sich jede Mühe, stolz und kühn zu blicken. Ja, von hier oben aus gesehen war alles nichtig und klein, was sich in Beaulieu abspielen mochte, und so zuckte er auch mit keinem Barthaar, als unten im Dorf ein langgezogener Schrei ertönte. Das war kein Kater. Das war eine Katze. Und die hatte ihm gleichgültig zu sein.

Ihm – und den anderen auch. Doch neben ihm machte sich Unruhe breit. Diabolo knurrte leise. Garibaldi gab einen hechelnden Laut von sich.

»Hörst du sie?«, Maurice, unsicher.

»Hör nicht hin«, Magnifico.

»Sie ruft nach uns«, sagte Diabolo mit belegter Stimme.

»Das geht dich nichts an.« Doch auch Magnifico klang nicht so beherrscht wie sonst.

»Ich glaube, ich muss mal eben …«, sagte Maurice verlegen und sprang vom Felsen.

»Du bleibst«, knurrte Garibaldi. »Sonst komm ich mit.«

»Brüder! Geht nicht!« Auch Magnifico war aufgestanden und machte einen Buckel.

»Mach dir nichts draus, Alter.« Diabolo klang immerhin verlegen. »Morgen wieder. Aber jetzt …« Auch er sprang fort.

Magnifico seufzte ihnen hinterher.

Filou wunderte sich über die Brüder. »Ich bleibe«, sagte er. »Ich hab mit Miezen nichts am Hut.«

»Gut für dich«, brummte Magnifico, sprang ebenfalls von der Felsnase und verschwand im Gestrüpp.

Filou lauschte seinen Brüdern hinterher. Und wunderte sich über die schrillen Schreie, die bald ertönten. Alle Kater Beaulieus schienen sich zu einer Massenprügelei versammelt zu haben. Aber warum?

Hatte er das richtig verstanden? Konnte das sein? Die Brüder stritten sich – um den Feind? Um eine Katze?

FÜNFUNDZWANZIG

Bis zu einem trüben Tag Ende November, an dem die Bäume plötzlich mit kahlen Ästen dastanden, weil ein kräftiger Sturm in der Nacht alle Blätter abgerissen und fortgeweht hatte, war Filou noch jeden Tag nachmittags zum Kriegerdenkmal gelaufen – zu Marla. Doch sie musste bemerkt haben, dass er ein anderer geworden war, denn sie wurde immer stiller. Und es stimmte ja, er ließ sich nicht mehr gern auf den Schoß nehmen. Er duckte sich, wenn sie ihn streicheln wollte. Er machte nicht mehr Männchen, wenn sie ihm ein Stück Schinken hinhielt. Er sprang dem Bällchen nicht mehr nach. Er hatte keine Geduld mehr für Kinderspiele.

Die Brüder verstanden sowieso nicht, warum er jeden Nachmittag auf der Friedhofsmauer lag und ihn nichts, kein Ausflug, keine Versammlung und keine Patrouille durch die Stadt davon abhalten konnte. Sollte er ihnen vielleicht gestehen, dass er Tag für Tag auf den Schulbus wartete, in dem ein kleines Mädchen mit braunen Augen und hellen Haaren saß, das als Erstes zum Kriegerdenkmal laufen würde, um einen räudigen Straßenkater zu treffen, der schon lange kein niedliches Kätzchen mehr war, das man »Hübscher« nennen konnte?

An diesem Novembertag hatte er ihre Verabredung das erste Mal vergessen. Auch am nächsten Tag verpasste er den richtigen Zeitpunkt. Und am übernächsten Tag. Irgendwie lag immer gerade etwas anderes an. Es ist so viel zu tun, Marla, versteh mich doch, dachte er. Aber – vielleicht verstand sie ja längst? Vielleicht kam auch sie nicht mehr jeden Tag, bei Wind und Wetter, zu ihrem Rendezvous?

Zwei Tage später war er rechtzeitig zur Stelle. Er vergrub sich im Laub, das sich hinter dem morschen Zaun vor dem Denkmal angesammelt hatte, und wartete. Er hoffte und er fürchtete, dass sie ihn vergessen hatte. Sicher, der Gedanke tat weh, aber nur noch ein bisschen. Sie sollte, sie musste ihn vergessen.

Er sah sie schon von weitem. Eine kleine Gestalt, gebeugt unter einem großen roten Ranzen, die sich gegen den kalten Nordwind stemmte. Er sprang ihr nicht entgegen, so wie früher. Er rührte sich nicht von der Stelle, er lag da und sah zu, wie sie wartete. Wie sie aufstand und umherging und nach ihm rief. Wie sie schluchzte. Und wie sie endlich ging.

Er lag noch lange im Laub und wartete darauf, dass sich sein Herzschlag beruhigte und die Trauer nachließ. Dann stand er auf und schüttelte sich das Laub vom Pelz. Er war jetzt Geronimo. Er führte das Leben eines Kämpfers. Ein raues, freies, ein abenteuerliches Leben. Ein Leben, das nicht mehr zu einer Kleinfamilie mit Haus und Garten und regelmäßigen Mahlzeiten passte. Und in dem eine Freundschaft mit einem Mädchen namens Marla nicht vorgesehen war.

»Und? Wie fühlst du dich, starker Kater?«, fragte eine

Stimme, als er durch den Eisenzaun kletterte. »Ist es nicht ein großartiges Gefühl, dass ein Mensch um dich weint?«

»Fidel!«

Der weiße Mops lag vor dem Denkmal, mit Halsband und Leine, die am Zaun befestigt war.

»Bist du stolz auf dich?«

Filou wollte schon den Kopf schütteln. Aber dann wurde er wütend. Wie kam der fette Mops dazu, ihm Vorwürfe zu machen?

»Wie ich mich fühle? Das kann wohl niemand beurteilen, der seine Freiheit für geregelte Mahlzeiten hingegeben hat!«, zischte er.

Der Mops richtete sich auf. Es kam Filou vor, als ob er sehr viel schlanker geworden sei.

»Du verwechselst da was«, sagte Fidel kühl. »Ich bleibe bei Herrchen, weil ich ihn liebe. Deine Freiheit heißt Einsamkeit. Oder befriedigt dich etwa die Gemeinschaft geschlechtsreifer Kater, die dich für jede jaulende Katze sitzen lassen?«

Woher wusste der Hund das? Filou spürte, wie ihm vor Verlegenheit heiß wurde.

»Du würdest deinen Herrn für jeden gefüllten Fressnapf verraten, Mops. Erst kommt das Fressen und dann die Moral, also predige mir nicht.«

Fidel ließ sich wieder sinken und legte den Kopf auf die Vorderpfoten.

»Du wirst es schon noch begreifen«, sagte er resigniert. »Keine Freiheit auf der Welt ist es wert, seinen Menschen zu verlieren.«

»Sei nicht sentimental! Wenn es deinem Menschen gefällt, landest du im Tierheim«, konterte Filou.

Fidel seufzte tief auf. »Glaub mir: Nur die Liebe zählt.«

»Amen«, knurrte Filou, bauschte den Schweif, ließ ihn peitschend durch die Luft fahren und drehte dem sentimentalen Köter den Rücken zu. Was verstand ein Hund, der freiwillig an der Leine ging, schon von der Freiheit?

SECHSUNDZWANZIG

Je kürzer die Tage wurden, desto dichter wuchs ihm das Fell. Filou würde nie so groß und breit sein wie einer seiner schwarzen Brüder, aber es gab schon ein paar gute Gründe dafür, dass ihn niemand mehr »Kleiner« nannte.

Dennoch war er noch immer ständig hungrig und außerdem viel zu mager, wenn man Magnifico glauben durfte, der ihn eines Nachmittags beiseitenahm. »Du solltest langsam Vorsorge treffen«, sagte der Alte und rieb seine Schulter an ihm. »Bild dir ja nicht ein, hier sei ewiger Sommer, nur weil Beaulieu in Südfrankreich liegt. So was glauben nur die Touristen, und das nicht lange.«

Filou dachte an den Winter mit Zsazsa zurück, den sie zusammengekuschelt im Kinderwagen auf dem Dachboden verbracht hatten – aber nicht nur Zsazsa war nicht mehr, auch der Kinderwagen war vom Dachboden verschwunden mitsamt all dem anderen gemütlichen Gerümpel. Bei seinem letzten Besuch dort war alles leergeräumt gewesen.

»Versuch wenigstens, dir ein ordentliches Fettpolster anzufressen, das schützt gegen Kälte.« Magnifico streckte sich, aber der Alte sah nicht aus, als ob er sich an seinen eigenen Ratschlag gehalten hätte.

»Oder du suchst dir eine nette Pension bei einer mitleidigen Oma, die dich durchfüttert. Maurice ist bei der kleinen Mademoiselle vom Café untergekommen.«

Bei der allerliebsten Isabo mit den dicken Zöpfen? Filou spürte einen Stich von Eifersucht.

»Die klagt zwar dauernd, dass Katzen im Haus nicht erlaubt seien, aber es ist bald Weihnachten, und da setzt niemand mehr ein Tier vor die Tür.«

»Und du?« Filou hätte gern gefragt, was Weihnachten ist, traute sich aber nicht.

»Ach, ich.« Der Alte betrachtete angelegentlich die angewinkelte Pfote. »Ich bin zu alt für so was. Ich verkrieche mich in den Schuppen hinter der Bäckerei und warte, bis es Frühling wird.«

Filou schluckte. Das klang traurig, nach Kälte und Einsamkeit. Andererseits: Hinter der Bäckerei roch es gut. Vielleicht sollte auch er sich ein wärmeres Plätzchen suchen als den zugigen Keller?

»Und jetzt tu ausnahmsweise mal, was ein alter Freund dir sagt«, brummte Magnifico und gab ihm einen Schubs. Dann trollte er sich davon.

Filou seufzte. Der Alte hatte recht, es wurde langsam Zeit. Maurice war natürlich zu beneiden. Er hatte sich schon seit Tagen gefragt, wo der Kerl neuerdings steckte. Vielleicht sollte er sich auch bei jemandem einschmeicheln? Bei Ma Dame, der Mutter des Bürgermeisters, die allein in einem Haus unweit von Lucs Keller in der Rue Basse lebte? Oder bei dem allein lebenden Mann, der in einem Bungalow unterhalb des Roche du Diable wohnte?

Gedankenverloren lief er in die Ruelle des Camisards

ein, ganz ohne darauf zu achten, ob Maxim und Manon irgendwo herumlungerten. Das war um diese Jahreszeit auch nicht mehr nötig. Die Menschen hielten sich seit Wochen nur noch selten im Freien auf, und die Kinder sah man höchstens auf dem Schulweg.

Er bog um die Ecke und wäre fast gegen das große schwarze Ungetüm gelaufen, das direkt dahinter unter einer Straßenlaterne stand. Eine Mülltonne! Heute war Müllabfuhr, und er hätte das beinahe vergessen!

Ihm wurde fast schlecht vor Hunger, wenn er an all die Köstlichkeiten dachte, die in so einer Tonne steckten. Wurstpellen und Fleischreste, Hühnerkarkassen und Fischköpfe, die niemals ganz leeren Becher von Sahne und Crème fraîche, die man auslecken konnte … Unerreichbare Schätze.

Doch gottlob hatte nicht jeder in Beaulieu eine Tonne. Vor allem die Alten packten ihren Müll noch in schwarze Plastiksäcke, die sie vor die Tür stellten, was notleidenden Kreaturen die Selbstversorgung erheblich erleichterte.

Ihm lief das Wasser im Maul zusammen, wenn er daran dachte, was sich in so einem Plastiksack alles verbergen konnte. Und gleich am Ende der Ruelle wurde er fündig. Er rannte los. Doch er kam zu spät. Die Hunde hatten den blauen Plastiksack zerrissen und dessen Inhalt weiträumig verstreut. Filou strich vorsichtig um die traurigen Reste herum. Der abgenagte Knorpel eines Hühnerknochens. Eierschalen. Das Einwickelpapier eines Stücks Butter. Und ein Hauch von Wildschweinpaté. Enttäuscht huschte er weiter, hoch zur Kirche.

Wieder ein schwarzer Sack. Doch der roch nach vermodertem Laub. Uninteressant. Der Sack zwei Haustüren weiter sah ganz so aus, als ob man die Hunde vertrieben hatte, bevor sie sich alles hätten einverleiben können. Er witterte verborgene Schätze. Und tatsächlich: Die Tölen hatten zwar ein Loch in die Plastikfolie gerissen, doch man hatte es mit einer Zeitung wieder zugestopft. Er hockte sich hinter den Sack, wo ihn niemand sehen konnte, und machte sich an die Arbeit. Geduldig zog und zupfte er, bis er die Zeitung aus dem Weg hatte. Dann kroch er tief hinein in den Müll.

Betäubende Gerüche umfingen ihn – nach Kaffeesatz und Zigarettenkippen, nach Zwiebelschalen und ausgequetschten Zitronen, Gestank, den er auf den Tod nicht ausstehen konnte. Aber dahinter verbargen sich andere Düfte, die auf spannendere Fährten führten. Salatblätter – nun, das war nicht sein Ding, aber manchmal gab es Schnecken auf ihnen. Interessanter war Papier, an dem sich Spuren von Schinken und Käse befanden, die man sorgfältig ablecken konnte. Und irgendwo in der Tiefe des Müllsacks verbarg sich ein großes Versprechen, das spürte er mit allen Sinnen.

Endlich hatte er es vor der Nase: ein dickes, fettes, triefendes Stück ausgekochter Bauchspeck. Es war nicht zu fassen. Sein Schweif zitterte vor Erregung, als er die Speckschwarte mit den Zähnen packte und aus dem Sack ins Freie zog.

Er schleppte die Beute mit hoch erhobenem Haupt die Ruelle hinunter zur Rue Basse und sprang in seinen alten

Keller. Erst machte er sich gierig über das fette Fleisch her und schlang und schluckte. Dann zwang er sich dazu, jeden Bissen zu genießen. Und als er sich den letzten Speckhauch von den Lefzen geleckt hatte, rollte er sich zusammen und schlief ein.

SIEBENUNDZWANZIG

Fressen macht hungrig, und hungrig wachte er am Morgen auf. Er schlenzte hinüber zur Rue des Fleurs, aber keiner seiner Brüder wartete auf ihn. Er lief durch die menschenleere Stadt, hoch bis zu den Touristenhäusern, aber er traf keine Menschenseele. Und als ihm gar nichts mehr zu der Frage einfiel, wie er momentanen und künftigen Mangelsituationen begegnen könnte, machte er sich endlich auf den Weg zu Ma Dame, der Mutter des Bürgermeisters.

Ma Dame war in der Tat keine schlechte Wahl. Ihr Hund war vor einigen Monaten gestorben, ein fetter, aber ganz verträglicher Labrador. Eine Katze hatte sie nicht, dafür aber eine Katzenklappe. Und eine Katzenklappe war unabdingbar, er musste frei sein. Er sprang eine bemooste Treppe hoch zum Tor von Ma Dames Haus.

Vorsichtig steckte er den Kopf durch die Klappe und schnupperte. Die Luft war rein. Er sprang durch die Öffnung hindurch in einen feuchten Hof. Efeu kletterte die Wände aus dicken Steinquadern hoch. In einem steinernen Trog wuchsen Christrosen. »Extrem giftig«, hatte Zsazsa gemahnt, damals, als sie ihm das Leben erklärte. Doch in der Ecke stand ein Freund: ein Busch immergrüner Steinlorbeer.

Er lief eine weitere Treppe hoch, auf eine überdachte

Veranda, auf der ein staubbedeckter Tisch, eine Bank und Stühle standen. Unter dem Vordach hing eine Wäscheleine, an der ein paar dunkle Kleidungsstücke baumelten. Dahinter lag die Haustür.

Nun, die würde geschlossen sein, und man musste warten, bis Ma Dame herauskam. Doch Warten machte ihm nichts aus. Er rollte sich auf der Fußmatte zusammen, so, dass er die Tür im Blick hatte. Man brauchte Geduld, das war das Geheimnis. Denn sie würde ihn verscheuchen, das erste, das zweite Mal, womöglich gar viele Male. Doch er würde immer wiederkommen. Und wenn sie sah, wie treu er ausharrte, würde sie weichwerden. Sie wurden fast alle irgendwann weich.

Er schloss die Augen. Ein paar Sekunden später öffnete er sie wieder. Die Haustür – irgendetwas stimmte da nicht. Sie stand einen Spalt weit offen. Hatte Ma Dame bereits mit seinem Besuch gerechnet?

Er erhob sich, ging zur Tür, stemmte sich mit der Pfote gegen sie, bis der Spalt groß genug war. Dann schlich er hinein.

Im Flur roch es nach feuchten Wänden. Er folgte seiner Nase, dorthin, wo Licht brannte und wo er die Küche vermutete. Es roch nach Holzfeuer. Und es roch nach Hund, wenn auch nur schwach. Aber da war noch ein anderer Geruch. Er blieb stehen und sog die Luft ein. Wenn er nicht wüsste, dass die Mutter des Bürgermeisters keine Katze hatte … Der Duft war zart. Süß. So roch kein Kater. Und so rochen keine Katzen wie Mimi oder Minou.

Jetzt war Filou vor der Küche. Er schlängelte sich durch die halbgeöffnete Tür und erstarrte.

Auf dem Boden lag ein Mensch. Eine alte Frau, Ma Dame. Und neben ihr hockte ein Tier. Ein Fabelwesen. Eine Märchenprinzessin. Er starrte und starrte. Dort saß die schönste Katze, die er je gesehen hatte.

Reiß dich zusammen, dachte er. Sie mochte ja rein objektiv gesehen schön sein – aber er machte sich nun mal nichts aus Katzen. Wie hübsch auch immer sie waren.

»Sie ist tot«, sagte die Katze. »Und ich weiß nicht, was ich tun soll.«

Sie war zierlich, hatte herrlich gelbe Augen und einen zarten roten Strich über der Nase. Um den Hals trug sie eine feine weiße Pelzkrause, Rücken und Schwanz waren dreifarbig gescheckt. Eine Glückskatze. Und jung, noch ein halbes Kind.

»Ma Dame wollte mir zu essen geben. Dann ist sie gestürzt. Seither rührt sie sich nicht mehr. Und ich habe solchen Hunger.« Die Katze stand auf und reckte sich. »Ich heiße Josephine.«

»Filou«, grummelte er. Das halbe Kind war hochschwanger.

Behutsam näherte er sich der alten Frau. Bestimmt war sie tot. Mit toten Lebewesen kannte er sich aus. Er schnupperte mit angelegten Barthaaren an ihrem Gesicht. Dann zuckte er zurück. Die Frau war nicht tot. Sie atmete, ganz schwach, aber immerhin.

»Sie lebt«, sagte er knapp.

»Sie lebt!«, hauchte Josephine. »Was tun wir jetzt?«

»Hilfe holen.« Filou war im Nu aus der Küche, lief durch die Haustür, sprang hinunter zum Tor, stob durch die Katzenklappe, stellte sich vor das Tor, befahl jedem einzelnen Haar seines Fells äußerste Spannung und legte alle Kraft in einen langen klagenden Schrei.

Es war nicht der Gesang eines kämpfenden Katers, den er anstimmte. Es war ein Ruf, den alle Kreaturen verstehen mussten, die warmes Blut in den Adern hatten. Es war der »Leben in Gefahr«-Ruf. Er kam tief aus der Kehle, ein klagendes Heulen, wie es der Sturm machte, wenn er sich in der Regenrinne verfing. Filou hatte ihn noch nie gehört und noch nie angestimmt. Aber er wusste, wann man ihn ertönen lassen musste.

»Was ist denn hier los?« Eine junge Frau schaute aus dem Fenster, neben ihr ein Kindergesicht.

»Das arme Tier! Es ist verletzt«, meinte eine Passantin, die unten auf der Rue Basse stehen geblieben war. »Man muss ihm helfen.«

»Ach was. Das ist einer von den wilden Stromern, den muss man verjagen.« Der alte Mann, der aus dem gegenüberliegenden Tor herausgetreten war, machte scheuchende Handbewegungen. »Ma Dames Katze ist es jedenfalls nicht.«

»Wo ist sie überhaupt?« Die junge Frau lehnte sich noch weiter aus dem Fenster. »Ich habe Ma Dame seit gestern nicht mehr gesehen.«

Filou reckte den Kopf hoch zu ihr und stieß einen weiteren Schrei aus.

Der alte Mann kratzte sich den weißen Haarkranz.

»Du hast recht. Ich habe sie auch nicht gesehen«, sagte er. »Noch nicht einmal beim Bäcker.« Er war in ein paar Schritten beim Tor, das sich öffnen ließ.

»Sie ist da«, rief er und ging hinein. »Sonst wäre abgeschlossen.«

Filou sprang zur Seite, auf die Mauer neben dem Tor, und sah mit gesträubtem Fell und glühenden Augen zu, wie der Mann das Haus betrat. Schneller, dachte er, als er den alten Herrn mühselig die Treppen hinaufsteigen sah.

Aber der Alte kam im Laufschritt zurück. »Ruf den Arzt«, rief er zu der jungen Frau hoch, die noch immer im Fenster lehnte. »Sie atmet noch. Und ruf den Bürgermeister an.«

Filou beobachtete aus sicherer Entfernung, wie der Arzt kam und wieder ging, wie Ma Dame hinausgetragen und in einen Krankenwagen gebracht wurde und der Bürgermeister ihr dabei die Hand hielt.

Doch erst, als er die junge Nachbarin ins Haus gehen sah, in der Hand eine Dose mit Katzenfutter, verließ er den Ort. Er hatte getan, was nötig war.

ACHTUNDZWANZIG

Es wurde kalt. Ein eisiger Mistral hatte alle Wolken vom Himmel geblasen, tags schien die Sonne, die Nächte waren sternenklar. Eines Morgens erwachte Filou mit Eiskristallen in den Barthaaren. Das Wasser im Bassin am Friedhof, aus dem er immer trank, hatte sich in einen eisigen Spiegel verwandelt. Tagelang blieb er nun im Keller, kroch unter die Lumpen auf der Kohlenkiste, schlief den halben Tag hindurch und träumte. Er träumte von Zsazsa, er träumte sogar von Lucrezia, und er träumte von einem Garten, in dem es nach Katzenminze roch und nach Mimosen und in dem eine zarte Gestalt Zaubersprüche rief. Arbutus unedo. Nepeta cataria. Lavandula augustifolia. Passiflora caerulea. Bougainvillea glabra. In seinen Träumen war es Frühling. Und manchmal lag an seiner Seite, wohlig schnurrend, die schönste Katze der Welt. Ein ganz und gar verbotener Traum.

Eines Nachts weckte ihn das Gefühl, dass sich da draußen etwas tat, dass etwas geschah, dass sich etwas veränderte. Er schälte sich schlaftrunken aus den Lumpen und sprang aufs Fenstersims. Nichts und niemand war zu sehen, er war allein auf der Welt, und so fühlte er sich auch. Seinen Brüdern war er schon lange nicht mehr begegnet. Die Menschen waren mit sich beschäftigt, er hatte die Suche nach einer Winterpension aufgegeben und ernährte sich von dem, was ein mitleidiger Mensch alle paar Tage für herrenlose Tiere wie ihn ans Kriegerdenkmal stellte. Manchmal hoffte er, dass es Marla war.

Er sprang auf die Straße und lief hoch zum Roche du Diable, zu seinem Ausguck auf dem Felsen. Beaulieu lag da unten wie ausgestorben. Noch nicht einmal Fledermäuse schwebten vor dem Mond, wozu auch, es flatterte ja nichts Essbares mehr in der Luft. Ob das jemals ein Ende hätte? Ob es jemals wieder wärmer würde?

Er hockte sich auf die Felsenspitze, auf der er so oft mit den Brüdern gesessen hatte, und hob die Nase in den Wind.

Ja, es veränderte sich etwas. Er spürte es bis in die Haarspitzen. Der Vollmond stand hoch am Himmel, aber vor seinem runden Gesicht waberte ein weißer Schleier. Ein milder Südwind wehte Düfte von Meer und Pinien und würziger Erde an seiner Nase vorbei. Wetterumschwung. Es wurde wärmer. Es bewölkte sich. Es würde regnen.

Im Wäldchen pfiff und keuchte ein Steinkauz. Wenigstens eine Kreatur war noch wach. Filou wartete, bis der Mond hinter den Wolkenschleiern versunken war, dann trabte er zurück in den Keller.

Als er am nächsten Morgen aufwachte und aus dem Fenster schaute, erblickte er eine Welt, die ihm völlig unvertraut war. Da draußen war über Nacht alles weiß geworden, die Straße, die Büsche, die parkenden Autos. Sogar die Mülltonnen trugen weiße Hauben. Filou konnte sich keinen Reim darauf machen, er hatte so etwas noch nie gesehen. Wie Sand aus der Sahara, den der Südwind manchmal mitbrachte, sah das weiße Zeug nicht aus. Es blitzte und glitzerte in den Sonnenstrahlen, die sich in den kahlen Ästen des Wäldchens brachen und mit spitzen Fingern die Straße abtasteten. Der Wind musste ein weiteres Mal gedreht haben, denn man sah kein Wölkchen am Himmel. Und kalt war es auch.

Filou schnupperte an den federleichten weißen Kristallen, die aufs Fenstersims geweht waren. Kein Geruch. Er streckte die Zunge aus. Kein Geschmack. Nur kalt waren die weißen Federchen, die noch feiner waren als das Brustgefieder eines soeben flügge gewordenen Rotkehlchens.

Er blickte nach unten auf die Straße. Amselkrallen zeichneten ein Muster in den weißen Pelz. Also konnte man die weiße Welt betreten. Er sprang.

Er landete zwar auf allen vier Pfoten, aber er sank sofort ein. Um ihn herum stoben die weißen Kristalle auf und senkten sich wieder über ihn, bis sein Pelz weiß bepudert war. Mit einem gewaltigen Bocksprung rettete er sich aus der weichen Watte auf eine Mülltonne.

Dort hob er die Vorderpfoten aus dem Kristallteppich und staunte über die neuen weißen Söckchen über den roten Pfoten, wobei auch der Rest seines Fells nicht mehr so rot war, wie es sich gehörte. In einem Anfall von Übermut sprang er wieder hinunter, ließ die weißen Federn auffliegen, ließ sich fallen und rollte sich hin und her, bis er von Kopf bis Fuß weiß war.

Dann erst spürte er es. Das Zeug war nicht nur kalt, es war auch nass! Panisch hüpfte er über die weite weiße Fläche, bis er unter dem Vordach eines Schuppens ein Plätzchen fand, das nicht weiß bestäubt war. Er schüttelte die weißen Kristalle aus seinem Pelz, streckte jede Pfote weit von sich, wedelte sie hin und her und hatte das Gefühl, einer besonders tückischen Gefahr mit Müh und Not entronnen zu sein.

Und dann sah er auf der anderen Straßenseite etwas Schwarzes, das sich aufbäumte wie ein Wiesel, während es durch das Weiße pflügte.

Auch Garibaldi schüttelte die Gliedmaßen sorgfältig aus, als er unter dem Dach angelangt war, und nieste verächtlich.

»Scheiß-Schnee«, maulte er.

»Scheiß was?«, fragte Filou zurück.

»Schnee! Verdammter Scheiß-Schnee! Wer braucht so was?«

Präziseres konnte man von Garibaldi nicht erwarten.

»Das macht dich tot, wenn du nicht aufpasst!«

Filou mochte nicht widersprechen. Ihm war das, was Garibaldi Schnee genannt hatte, nur im ersten Moment freundlich und weich vorgekommen – bevor es nass, kalt und feindlich wurde.

Doch was war nur mit dem Einäugigen los? Der Schwarze wirkte verlegen. Mal putzte er sich das Ohr, mal fixierte er eine Vorderpfote mit seinem gesunden Auge, als ob er sie am Weglaufen hindern müsste. Filou blickte amüsiert zu ihm hinüber, aber Garibaldi wich seinem Blick aus. Endlich räusperte er sich.

»Du sollst mitkommen«, sagte er. »Befehl vom Chef.«

Magnifico? Der hatte es trocken und warm im Schup-

pen hinter der Bäckerei, dachte Filou, der war bestimmt nicht so blöd, bei diesem Wetter rauszugehen. Dennoch folgte er dem Schwarzen.

Vor dem Bäcker hockte ein Trupp Amseln, die im Schnee nach Brotkrumen pickten. Sie flogen erst auf, als Garibaldi sich hinkauerte, um sie anzuspringen. »Man muss nehmen, was man kriegen kann, um diese Jahreszeit«, brummte er.

Der Weg durch die Hofeinfahrt war freigeräumt, sodass man sich auf dem Weg zum Schuppen in aller Ruhe die Pfoten ausschütteln konnte. Die beiden Kater schlüpften durch einen Spalt neben der Schuppentür hinein ins Dämmerlicht. Es war still hier drin, nur im Gebälk knackte und knisterte es, und Filou glaubte, das Ticken eines Holzbocks zu hören.

Verständlich, dass Magnifico hier sein Winterlager aufschlug. Der Schuppen hatte alles, was ein Wohnquartier angenehm machte: Links von der Tür stapelte sich duftendes Brennholz bis fast zum Dach, ganz vorne lag eine dicke Lage alter Mehlsäcke, auch für Mäuse attraktiv und deshalb doppelt anziehend für Katzen. Dahinter hatte man die Gartenmöbel eingelagert, und an der Stirnseite des Schuppens stand die Krönung: eine alte Kutsche aus Holz, mit Sitzen aus rotem Leder. Filou setzte sich ehrfürchtig auf die Hinterläufe und bewunderte den Königsthron, der nur einem wie Magnifico gebührte.

Ein Laut schreckte ihn auf. Jemand nieste, der sich in der Kutsche zu befinden schien. Garibaldi schüttelte den dicken Kopf und trottete voraus. Filou folgte ihm. Und da war Magnifico – er lag in der Kutsche auf einer Decke, die jemand über den Sitz gebreitet hatte. Aus der Nähe sah man, wie abgemagert der Alte war. Das Fell war stumpf, Augen und Nase schleimverkrustet.

»Nicht näher kommen«, krächzte der Alte. »Verabschieden kann ich mich auch so.«

Filou hockte sich neben Garibaldi vor die Kutsche.

»Du gefällst mir, roter Bruder«, flüsterte der Alte nach einer Weile, nachdem er sich von einem heftigen Hustenanfall erholt hatte. »Du hast dich gut gemacht. Obwohl du keiner von uns bist.«

Filou fuhr hoch und wollte widersprechen, aber Garibaldi legte ihm warnend die Pfote auf den Arm.

»Nein, du bist keiner von uns.« Magnifico war kaum noch zu verstehen. »Aber du hast eine große Zukunft. Und deshalb ...«

Der Alte rang nach Luft. Filou spürte Garibaldi neben sich unruhig werden.

»Wenn ich nicht mehr bin ...«

Filou wollte etwas Beruhigendes sagen. Etwas Tröstendes. Etwas, das dem Alten guttat. Aber wieder legte Garibaldi die Pfote auf seinen Arm.

Magnificos nächsten Satz erstickte ein Hustenanfall.

»Du sollst wissen ...«, brachte er noch heraus. »Ich möchte, dass du ...« Wieder Husten. Vergeblich versuchte der Alte, etwas zu sagen. Seine Stimme wurde schwächer. Dann erstarb sie. Stille.

Filou lauschte endlos lange. Aber da kam nichts mehr, kein Niesen, kein röchelnder Atemzug. Kein Wort. Endlich spähte er vorsichtig hoch in die Kutsche. Die Augen des Alten standen offen. Er atmete nicht mehr.

Filou hockte sich auf die Hinterbeine und hätte am liebsten geheult wie ein von der Mutter verlassener Kater. Doch für Trauer blieb keine Zeit.

Garibaldi gab ein nervenzerfetzendes Gurgeln von sich, streckte die Beine durch, sträubte die Nackenhaare, zog die Lefzen hoch, fixierte seinen roten Bruder und ließ den dicken Kopf langsam hin- und herpendeln.

Und dann griff er an.

NEUNUNDZWANZIG

Von der ersten Sekunde an war der Schwarze im Vorteil. Ihn hatte der Tod des Meisters nicht aus dem Takt gebracht, er hatte nur eines im Sinn: die Machtfrage. Und die wollte er auf seine Weise klären – und zwar endgültig.

Filou begriff das in dem Moment, in dem sein schwarzer Bruder sich auf ihn warf, mit heißem Atem und einem tiefen Grollen, das aus der Hölle zu kommen schien. Gerade noch rechtzeitig ließ er sich auf den staubigen Boden des Schuppens fallen und versuchte, den Vorderpfoten des Schwarzen auszuweichen, der ihn in die Zange nehmen wollte, um ihn mit seinen starken Hinterbeinen in den Bauch zu treten und, wenn möglich, das Rückgrat zu brechen.

Eine Zeitlang gelang es ihm, den schwarzen Riesen mit ausgestreckten Pfoten auf Abstand zu halten und blitzschnell zur Seite zu rollen, wenn der versuchte, sich auf ihn zu werfen. Doch dann begann der Einäugige, nach seinen Ellenbogen zu schnappen. Beim ersten Treffer hätte er beinahe gezischt vor Schmerz. Die Attacken auf seine Ohren und auf seinen Hals konterte er, so gut er konnte. Auch er hatte jetzt die scharfen Krallen ganz ausgefahren, denn dies war kein Kampf, bei dem man Rücksichten nehmen konnte. Hier flogen die Fetzen. Hier, in diesem schmalen

Raum zwischen der Kutsche mit dem toten Magnifico und den Gartenmöbeln, wo Flucht kaum möglich war.

Nach einer Weile ließ Garibaldi schwer atmend von ihm ab. Während sie einander gegenübersaßen, vermied Filou jeden aggressionsfördernden Blickkontakt, aber der Schwarze schob seinen dicken Kopf mit dem toten Auge und mit den gesträubten und vibrierenden Barthaaren immer näher an ihn heran. Dann hob er die Tatze. Und endlich holte er zu einem entsetzlichen Schlag aus. Doch Filou war im gleichen Moment in der Luft, drehte eine Pirouette, landete auf allen vier Pfoten und umkreiste nun seinerseits den schwarzen Riesen, mit angelegten Ohren, gefletschten Zähnen und aufgebauschtem Schwanz.

Jetzt wich Garibaldi zurück, hockte sich auf die Hinterläufe und tat unbeteiligt. Nur sein unruhiger Schwanz verriet ihn. Und die rechte Vorderpfote, die immer wieder hochzucken wollte.

Filou wartete auf den richtigen Moment. Dann schnellte seine Tatze vor zu einer gepfefferten Ohrfeige. Der Schwarze machte einen Salto rückwärts, war aber weder so leichtfüßig noch so elegant wie Filou, der seinen Vorteil nutzte, dem anderen an die Kehle sprang und ihm die Vorderbeine um den Hals legte. Keiner gab einen Laut von sich, während sie miteinander rangen, bis sie reglos auf der Seite lagen, wie in enger Umarmung.

Endlich riss Garibaldi sich los. Wieder standen sie einander gegenüber, in diesem viel zu engen Raum, der ihnen keinen Platz für Ausweichmanöver ließ, und nölten sich an, in der Hoffnung, einer von beiden würde die Nerven verlieren.

Und das, obwohl Magnifico noch warm ist, dachte Filou müde. Der mich in den Himmel gelobt und mir die Hölle an den Hals geschickt hat. Was hatte der Alte nur sagen wollen? »Du sollst wissen ...«, »Ich möchte, dass du ...«

Sollte er seine Nachfolge antreten? War es das, was Garibaldi vermutete und was er verhindern wollte? Filou schüttelte benommen den Kopf. Was für ein Unsinn. Nie wäre er auf so eine Idee gekommen. Er hatte keinerlei Ambitionen, war zum Anführer nicht geeignet, es bedurfte keiner Prügelei, damit er verzichtete, man konnte Fell und Nerven schonen und in äußerster Ruhe die Dinge miteinander bereden. Oder?

Der Schwarze holte ihn mit einem mächtigen Haken zurück in die Wirklichkeit. Nur mit Müh und Not entging Filou der erneuten Umklammerung, und nach einem Salto rückwärts und einer Flanke vorwärts gelang es ihm sogar, ein paar Worte hervorzubringen, von denen er hoffte, dass sie in Garibaldis adrenalingesättigtes Gehirn vorzudringen vermochten.

»Du bist der Chef!«, brüllte er seinem fauchenden und kreischenden Gegenüber zu.

»Glaubstu, kannzu, vergisses«, schnarrte der Schwarze zurück.

»Ich habe keinerlei Absichten, was die Nachfolge von Magnifico betrifft.«

»Schnauze!«, spuckte Garibaldi und schlug wieder zu.

Die nächsten Minuten waren Ballett. Filou sprang und hechtete, Salto rückwärts, Purzelbaum vorwärts, versuchte zwischendrin, dem anderen zu erklären, dass der Sieg längst seiner war, und war schließlich völlig außer Atem. Die schwarze Kampfmaschine vor ihm hatte auf Vollautomatik geschaltet und ließ sich durch nichts mehr beirren. In diesem Kampf würde es nur einen Sieger geben, und der hieß, wenn das so weiterging, Garibaldi. Und Filou würde vom roten Rächer zum verdammt toten Kater mutieren.

Wenn er leben wollte, musste er den anderen zum Zuhören zwingen. Und dafür gab es nur eine Lösung. Filou tat, als ob er aufgab, senkte den Kopf, wandte den Blick ab, zog sich langsam, ganz langsam, Pfote für Pfote zurück. Der Schwarze bauschte sich triumphierend auf, stakste ihm hinterher, ging vom Maulen und Nölen zum triumphierenden Kampfgesang über.

Zum Verblasen der Strecke ist es noch zu früh, dachte Filou und drehte dem Schwarzen den Rücken zu. So einem schönen Ziel würde der andere nicht lange widerstehen können.

Er spürte, wie Garibaldi hinter ihm Kraft sammelte, wie er sich duckte, sprungbereit machte. Doch Filou kam ihm um den Bruchteil einer Sekunde zuvor. Er schnellte zu einem eleganten Salto rückwärts hoch, drehte sich in der Luft und landete punktgenau im Genick des Schwarzen. Die perfekte Position für den Tötungsbiss.

»Du hörst mir jetzt zu«, zischte er seinem Gegner ins Ohr, während er ihn mit Vorder- und Hinterbeinen umklammerte. »DU BIST CHEF. Verstanden?«

Zur Bekräftigung zog er dem knurrenden Schwarzen die Tatze über die Ohren.

»ICH GEHE. Kapiert?«

Er spürte, wie Garibaldi sich unter ihm sammelte und zum Befreiungsschlag bereitmachte. Wenn der Dummkopf nicht endlich begriff, was er ihm zu sagen versuchte, gab Filou nicht mehr viel auf sein Leben. Gewiss, er war schneller und beweglicher, aber der Schwarze war stärker – und besaß genau den Killerinstinkt, der ihm selbst schon immer gefehlt hatte.

»DU BIST SIEGER!«, brüllte er ihm schließlich ins Ohr.

Endlich. Das wirkte. Der Schwarze entspannte sich unmerklich.

»Was quatscht'n da?«, blubberte er.

»Ich gehe. Du siegst. Du bist Chef. Finito«, brüllte Filou und lockerte seinen Griff, aber nur ganz leicht. Sofort spannten sich Garibaldis Muskeln wieder an. Und lockerten sich. Ganz langsam.

»Schwör?«, fragte er.

»Ich schwöre!« Du Torfkopf, dachte Filou und ließ sich vom Rücken seines Gegners gleiten. Äußerlich völlig cool ging er zur Kutsche hinüber und begann, an der Deichsel zu riechen, als ob ihr Duft ihm eine Geschichte aus tausendundeiner Nacht erzählte.

Garibaldi hockte auf dem Boden und wirkte ratlos.

Nach einer Weile schüttelte er sich, kratzte sich hinter dem Ohr und brummte: »Also. Dann verpiss dich auch.«

»Wie könnte ich einer so charmanten Aufforderung widerstehen?«, flötete Filou und machte sich nicht zu schnell, aber auch nicht zu langsam aus dem Staub.

DREISSIG

Der Schnee wurde erst schmutzig und dann immer weniger. Filou hatte stundenlang am Straßenrand gesessen und fasziniert zugesehen, wie der Schnee sich in Wasser verwandelte, das in schmalen Rinnsalen Richtung Gully floss, wo es gurgelnd versank. Doch mittlerweile war es wieder eisig kalt, obwohl an den wenigen Stunden des Tages die Sonne schien. Filou pilgerte ruhelos durch leere Straßen und wurde immer trauriger. Er war nicht mehr Geronimo, der rote Rächer. Die Bruderschaft hatte ihn ausgestoßen, und er wäre längst aus Beaulieu vertrieben worden, wenn es nicht Winter wäre, eine Jahreszeit, in der sich die meisten Katzen verkrochen.

Dafür schienen sich die Menschen verändert zu haben, denen er begegnete. Viele lockten ihn und versuchten, ihn zu streicheln. Beim Bäcker gab es neuerdings ein Morgenbüfett und beim Metzger eine Abendtafel. Sogar einige Hausbewohner, vor allem die Katzenbesitzer, stellten jetzt ein Extraschälchen mit Futter vor die geschlossene Katzenklappe – für all die Streuner, die es nicht so gut hatten wie ein täglich gefüttertes Haustier.

Alles wirkte so unendlich friedlich. Aus Lautsprechern an den Straßenlaternen erklang Musik, erfreulicherweise nicht sehr laut und ohne allzu schrille Töne, die sein empfindliches Ohr hätten beleidigen können. Über die Grande Rue hatte man Girlanden mit vielen bunten Lichtern gehängt. Vor dem Café stand eine mit glitzerndem Spielzeug geschmückte Tanne. Der Anblick einer am grünen Zweig schwingenden roten Kugel löste ein unwiderstehliches Zucken in seinen Pfoten aus, er konnte sich nur mit Müh und Not davon abhalten, hinüberzulaufen und die Kugel mit gezielten Tatzenhieben zu erlegen.

Doch so etwas würde gewiss unangenehm auffallen. Denn neben dem Baum stand ein Tisch, und vor dem Tisch war ein Mann mit einer roten Zipfelmütze auf dem Kopf und schöpfte aus einem dampfenden Topf heiße Flüssigkeit in bunte Becher. Um ihn herum halb Beaulieu, jeder mit einem dieser Becher in der Hand. Darin musste ein Zaubertrank sein, denn die Menschen wirkten entspannt und bester Laune.

Er sehnte sich danach, einfach über die Straße zu laufen und sich dazuzustellen, um endlich nicht mehr so schrecklich allein zu sein.

Und dann erblickte er eine bekannte Gestalt, einen Mann in Kordhose und Stiefeln, der einen Becher in der Hand und eine Frau im Arm hielt. Frederick und Ivonne. Also konnte Marla nicht weit sein. Filou reckte sich und machte den Hals ganz lang, bis er sie endlich sah. Sie trug eine bunte Mütze und lachte mit geröteten Wangen. Was hätte er darum gegeben, zu ihr laufen und sich an ihre Beine schmiegen zu dürfen!

Er schaute hinüber zu den dreien, bis ihm die Augen schmerzten. Mit gesenkter Rute und hängenden Ohren schlich er endlich davon und trabte durch die düstere

Ruelle des Camisards nach Hause. Vor dem Kellerfenster zögerte er. Was sollte er hier, in seiner leeren, klammen Heimstatt? Ohne lange zu überlegen, lief er über die Straße, hinunter zum Bach und hinüber zu den Gemüsegärten, auf denen nur noch ein paar einsame Kohlstrünke standen. Und dann weiter, dorthin, wo er viel zu lange nicht mehr gewesen war, zu seinem Ausguck auf dem Roche du Diable.

Hier oben ging ein leichter Wind. Er hielt die Nase in die Brise und betrachtete Beaulieu, das ihm umso schöner vorkam, je einsamer er sich fühlte. In allen Häusern brannte warmes Licht, auch dort, wo sonst schon früh die Läden vor die Fenster geklappt wurden. Die Lichterketten über der Grande Rue funkelten und blinkten lockend zu ihm hinüber, auch der Kirchturm war mit roten Lichtern geschmückt, und von überallher kam sanfte Musik.

Auf der Terrasse eines der Häuser am Dorfrand stand eine Frau und hängte glitzernde Kugeln an einen Tannenbaum. Zwei Häuser weiter stand ein Hund am Fuß einer Leiter und kläffte den Mann an, der auf der obersten Sprosse stand, um einen großen Stern an der Hauswand anzubringen. Überall festliche Stimmung – nur die Rue Basse lag im Dunklen. In der Ruine, in der er seine Kellerbleibe hatte, wohnte niemand. Und im Haus von Ma Dame schien nun auch niemand mehr zu wohnen. Sie lebe jetzt in einem Pflegeheim, hatten sich zwei Frauen vor dem Bäcker erzählt. Was wohl aus der Glückskatze geworden war? Aus irgendeinem Grund klopfte ihm das Herz, wenn er an sie dachte. Die Nachbarin wird sie füttern, dachte er. Sie hat es gewiss gut und ganz bestimmt besser als ich.

In diesem Moment strichen die Lichtkegel von Scheinwerfern die Rue Basse entlang. Ein Lastwagen fuhr heran und hielt vorm Haus von Ma Dame. Drei Männer stiegen aus und gingen hinein. Bald waren alle Zimmer hell erleuchtet.

Filou beobachtete, wie die Männer mit viel Gelächter und lauten Rufen Möbel aus dem Haus der alten Dame trugen: Tisch und Stühle, eine Kommode, eine Anrichte, ein Schrank. Bilder. Einen Spiegel. Kisten und Kasten.

Ihm wurde bang. Wenn Menschen ihr Haus ausräumten, kamen sie nicht zurück. Die alte Dame nahm also Abschied. War sie tot? Würde nun auch dieses Haus leer stehen, wie so viele Häuser Beaulieus?

Und was war mit Josephine? War sie ins Pflegeheim mitgegangen? Und sie war doch schwanger gewesen? Was war mit ihren Kleinen?

Als die Männer endlich fertig waren und der Lastwagen fortfuhr, lag die Rue Basse wieder im Dunklen. Auch anderswo waren die Lichter erloschen. Die Girlanden über der Grande Rue leuchteten und blinkten nicht mehr, und es lag auch keine Musik mehr in der Luft. Nur der Duft von erkaltetem Holzfeuer zog zu ihm herauf und kitzelte ihn in der Nase.

Zeit, nach Hause zu gehen. Geschmeidig sprang er den Berg hinunter und bog in die Rue Basse ein, wo er Kurs auf sein Kellerloch nahm. Als er näher kam, sah er ein Tier auf dem Fenstersims hocken. War Lucrezia zurückgekommen?

Aber nein, schalt er sich. Warum sollte sie das tun? Sie hatte doch das große Los gezogen. Wer verließ schon freiwillig das Paradies im Haus von Frederick und Ivonne und Marla – außer einem Idioten namens Filou? Außerdem war das Tier, das da hockte, zwar eine Katze, aber viel kleiner als Luc. Auch einer der vier schwarzen Brüder konnte es also nicht sein. Aber vielleicht hatte Garibaldi ja einen anderen Kater geschickt? Einen Neuling, der an Filou üben sollte? Sein Nackenfell sträubte sich. Wollten sie ihm sein letztes Refugium streitig machen?

Das Tier auf dem Fenstersims prüfte, ob die Luft rein war, sprang hinunter auf die Straße und lief fort. Katze oder Kater, das konnte man in diesem Licht nicht erkennen, aber nach der Figur zu urteilen eher Katze. Filou atmete auf, wechselte über die Straße, hüpfte aufs Fenstersims und landete mit einem Satz auf der Kohlenkiste. Ein empörtes Quieken begrüßte ihn. Vor Schreck drückte er sich in die Ecke, an die Wand. Und dann verdunkelte sich das Fenster. Die Katze war zurückgekehrt. Sie trug etwas im Fang, das ebenfalls quiekte.

Sie sprang geradewegs auf ihn zu, landete direkt neben ihm, ließ das fiepende Ding fallen und stimmte dann einen Laut an, der ihm das Blut in den Adern gefrieren ließ. Ein derart gefährliches Knurren hatte er noch nie gehört.

»Was willst du hier?«, zischte die Katze.

»Nichts. Ich meine ...«

»Dann verschwinde. Und zwar sofort. Und wage ja nicht, dich an den Kleinen zu vergreifen.«

Filou machte einen Schritt vor und wäre beinahe auf

das andere fiepende Etwas getreten, das sie auf sein Lager auf dem Kohlenkasten gelegt hatte. Aus dem Fiepen wurde ein Quieken, und aus dem Knurren wurde ein Fauchen.

»Keinen Schritt weiter!« Er spürte den heißen Atem der Katze in den Barthaaren. »Verschwinde. Sofort!«

Er merkte, wie sich der Trotz in ihm regte. »Wieso ich? Warum nicht du? Ich wohne hier!«

»Hm.« Er spürte ihr Zögern. Und endlich dämmerte ihm, wer dieses wilde Ungetüm war und was sie in seine Höhle gebracht hatte.

»Ich bin Filou«, stammelte er.

Sie antwortete nicht. Aber ihr Knurren klang nicht mehr ganz so überzeugend.

»Und du bist Josephine.«

»Woher weißt du das?«, brummte sie. Sie schien die beiden Kleinen mit der Zunge zu bearbeiten.

»Ich habe dich neben Ma Dame auf dem Küchenboden gefunden«, sagte er. »Erinnerst du dich nicht?«

Er merkte, dass sie innehielt. Er spürte förmlich, dass sie die Ohren spitzte.

»Du hast Hilfe geholt für Ma Dame«, sagte sie zögernd.

»Ja.«

»Es tut mir leid. Ich wusste nicht, dass du hier wohnst.«

»Du kannst gern bleiben«, sagte Filou eifrig.

»Ich – ich hatte ja keine Ahnung. Ich wusste nicht, wo ich hinsollte.« Plötzlich klang die kämpferische Josephine verloren und verletzlich.

»Jetzt bist du hier.« Filou hätte sie so gern getröstet.

»Die Männer haben alles ausgeräumt. Ich habe die beiden Kleinen versteckt und bin dann auf die Suche gegangen. Das Fenster hier war offen, und da ...«

»Es ist gut. Es stört mich gar nicht. Im Gegenteil.«

Endlich entspannte sie sich und legte sich auf die Seite. Filou hörte die Kleinen schmatzen – und dann begann Josephine zu schnurren. Es war der süßeste Laut, den er jemals gehört hatte. Das alles weckte Erinnerungen – an eine gute, längst vergangene Zeit. Er löste sich von der Wand.

»Nehm ich dir deinen Platz weg?« Josephine rückte sich und den protestierenden Nachwuchs zur Seite. »Komm, leg dich zu uns, dann wird's wärmer.«

Zögernd ließ Filou sich fallen. »Willkommen in der armseligsten Absteige weit und breit. Du hast Besseres verdient.«

»Hmmmmm...«, machte sie verschlafen und kuschelte sich an ihn. Filou erstarrte. Und dann gab er dem Gefühl nach, das ihm gebot, seine Nase in ihr Fell zu stecken, ihren Geruch einzuatmen und das erste Mal seit langem wieder glücklich zu sein.

Als Filou im Morgenlicht aufwachte, wunderte er sich über die Wärme in seinem Keller und über das kleine Etwas, das sich an seinen Bauch geschmiegt hatte. Er öffnete die Augen und sah an sich herab. Das Kätzchen war höchstens drei Wochen alt und so rot wie er.

»Ist er nicht süß?«, fragte Josephine. »So süß wie du! Du könntest sein Vater sein!«

Zu seiner Verblüffung ließ ihn der Gedanke wohlig erschauern. Er streckte die Zunge aus, um dem Kleinen vorsichtig die Öhrchen zu lecken.

»Und schau mal, sie hier – ist sie nicht ganz die Mutter?«

Er hob den Kopf. Zwischen Josephines entzückenden weißen Vorderpfoten ruhte eine weitere Glückskatze, die genau wie sie einen roten Streifen über der Stirn trug.

»Jetzt hast du eine Familie.«

Es sah ganz danach aus. Er war nicht mehr einsam. Und er hatte eine Aufgabe. Die Kleinen mussten gesäugt werden. Josephine brauchte genug zu essen. Er spürte, wie sich seine Kräfte regten. Das war eine Herausforderung, der er sich gewachsen fühlte.

EINUNDDREISSIG

Das Leben war so hektisch wie zu den schlimmsten Zeiten mit Luc – Filou war ohne Pause unterwegs, auf der Suche nach etwas Essbarem für seine kleine Familie. Aber es machte ihm nichts aus, im Gegenteil. Er tat es gern. Er wurde gebraucht – und er wurde reich dafür belohnt.

Wenn er nach Hause kam, stürzte Josephine sich keineswegs ausgehungert auf das Futter, was er gut verstanden hätte. Nein, sie lockte ihn auf ihr Lager und leckte ihm zärtlich die Stirn. Erst, wenn die Kleinen zu ihm liefen und vor lauter Eifer übereinanderpurzelten, wenn sie nach seinem Schweif haschten, ihn mit ihren kleinen Krallen beharkten, auf ihn stiegen, um quiekend wieder von ihm herunterzurutschen, erst dann wandte sie sich den Brocken zu, die er mitgebracht hatte, und versuchte, manierlich zu essen und nicht zu schlingen.

Auch schimpfte sie nicht, wenn er vor Erschöpfung zu lange schlief, sondern kuschelte sich an ihn und wollte ihn kaum weglassen. Sie beklagte sich nicht, wenn er nur mit einem abgenagten Hühnerbein oder einem trockenen Stück Brot nach Hause kam, sondern fragte besorgt, ob wenigstens er anständig gegessen habe. Was für ein Unterschied zu Luc! Seine ehemaligen Kampfgefährten hatten unrecht. Katzen waren nicht das Übel dieser Welt. Nur manche von ihnen.

Manchmal, wenn Josephine die Kleinen gesäugt hatte und ihr vor Müdigkeit die Augen zugefallen waren, sah er sie lange an, bis sein Blick verschwamm. Sie, Mabelle und Monpti waren das Schönste, was er jemals gesehen, gerochen, berührt, geliebt hatte.

Ob man ihm sein Glück anmerkte? Ob es am Stolz auf sein Familienleben lag, dass die Menschen neuerdings so ganz anders zu ihm waren?

»Zu so einem schönen Kater wie dir muss man einfach nett sein«, meinte Josphine, die Schmeichlerin. »Und wenn sie wüssten, welche Schätze du behütest, wären sie gewiss noch großzügiger!«

»Und wenn es an – Weihnachten liegt? Alle reden davon!«, hatte er eingewandt, obwohl ihm ihre Schmeichelei guttat.

Josephine dachte nach. »Weihnachten«, sagte sie schließlich. »Davon hat auch die Nachbarin gesprochen, die mich eine Weile gefüttert hat, als Ma Dame ins Heim kam. Sie meinte, dass man zu Weihnachten keine kleinen Katzen verhungern lassen dürfe!«

Also sonst schon? Ganz leuchtete Filou das Argument nicht ein. Doch auf seinen Streifzügen durchs Dorf hörte er das Wort immer wieder.

»Die Kinder kommen zu Weihnachten«, sagte die Bäckersfrau zu einer ihrer Kundinnen, einer alten Dame, der sie eine große Papiertüte mit Baguettes ans Auto trug. »Darauf freu ich mich das ganze Jahr!«

Auch das heiße rote Getränk, das der Mann mit der roten Zipfelmütze neben der mit roten Kugeln geschmückten Tanne auf der Grande Rue ausschenkte und das sich Glühwein nannte, stand mit Weihnachten in Verbindung. Filou schloss aus alledem, dass Weihnachten eine günstige Sache für Katzen und Kinder war und etwas mit der Farbe Rot zu tun hatte.

Als er in die Rue des Fleurs einlief, standen die Frauen vor dem Metzger Schlange, während die Männer vor dem Café und dem Maison de la Presse rauchten und ein Schwätzchen hielten.

Er lief hinüber zu den dick vermummten Damen, die geräumige Einkaufstaschen neben sich stehen hatten, aus denen es verheißungsvoll roch. Hier rechnete er sich heute die besten Chancen aus.

Er setzte sich vor ein Paar kräftige Lederschuhe, in denen Beine in Strickstrümpfen steckten. »Heute geht's ja noch!«, sagte die Frau, zu der die Beine gehörten. »Aber es soll ja wieder schneien!«

»Eine weiße Weihnacht! Wie hübsch! Wann hatten wir das schon mal?« Die andere trug kräftige Winterstiefel über blauen Hosen, roch nach Pferd und war jünger.

»Das gab's hier noch nie! Aber wenn du mich fragst: Ich brauch das nicht.«

»Und dann erzählen sie uns dauernd, es würde immer wärmer!«

Eine der beiden hatte gemerkt, dass Filou ihnen aufmerksam zuhörte. Die Frau in den Stiefeln. Sie beugte sich hinab und tätschelte ihm den Kopf. »Und was wird aus dir, du kleiner Stromer, wenn es friert, hmmm?«

»Zu Weihnachten muss niemand verhungern«, sagte der Metzger, der zu den beiden hinausgetreten war.

Da war es wieder, das Wort. Filou hob die Nase und schnupperte. Es war offenbar ein Zauberwort. Denn der Metzger, sonst nicht bekannt für Großzügigkeit, hielt ein Schüsselchen in der Hand, aus dem es herrlich duftete. Und das stellte er Filou vor die Nase.

Schinkenreste. Fleischstückchen. Der Himmel.

»Aber nur, weil Weihnachten ist!«

Filou hörte die Frauen lachen, als er sich aufs Futter stürzte, aber das war ihm egal. Er aß, was er nicht mitnehmen konnte, und machte sich endlich mit einem großen Stück Fleischwurst und einer halben Scheibe Schinken auf den Weg nach Hause.

Josephine war überglücklich und schlief zufrieden ein, während die Kleinen mit sanften Pfoten ihre Zitzen bearbeiteten. Es war eine köstliche Mahlzeit gewesen, an die sich Filou noch lange erinnern würde. Denn mit dieser Mahlzeit endete ihre Glückssträhne.

In der Nacht stieg ein dunstiger Vollmond über dem Roche du Diable auf. Das war kein gutes Zeichen. Immer, wenn der Mond sich verschleierte, änderte sich das Wetter. Filou war noch einmal hinaus- und den Berg zu seinem Ausguck hochgelaufen, hatte die Nase in den Wind gehalten und nach dem Wetter geschnuppert. Es roch nach Sturm.

Es stürmte die ganze Nacht. Endlich beruhigte sich

der Wind. Und als Filou in den frühen Morgenstunden auf das Fenstersims sprang, um die Wetterlage zu prüfen, schwebte in dicken Flocken vom Himmel herunter, was man Schnee nannte.

Das Schneetreiben war so dicht, dass man gerade noch bis zur Straßenlaterne blicken konnte. Filou sprang wieder auf die Kohlenkiste zurück, kuschelte sich an Josephine und die Kleinen und wartete auf eine Wetterberuhigung. Außerdem schadete es nicht, gut durchgewärmt zu sein, bevor es wieder an die Pflichten ging.

Doch das Schneetreiben wollte nicht aufhören. Filou wachte immer wieder aus einem unruhigen Schlaf auf und begann, sich Sorgen zu machen. Noch waren die Kleinen ruhig und zufrieden, noch schlief Josephine tief und fest, aber er musste hinaus, bevor es dämmerte. Behutsam löste er sich aus der Umarmung von Mabelle, die ihm die Pfötchen um den Hals gelegt hatte, und schubste Monpti näher an Josephine heran. Dann reckte und streckte er sich und schnellte aufs Fenstersims.

Diesmal kostete es ihn Überwindung, in den weißen Schnee zu springen, obwohl er doch wusste, dass er weich landen würde. Schnee war zwar nass und kalt, aber er biss und kratzte nicht. Schließlich überwand er sich. Schneeflocken stoben auf und senkten sich wieder über ihn, während er tief in ein milchiges Weiß hinabglitt. Panisch hechtete er wieder hoch und kämpfte sich in Bocksprüngen voran. Aber wohin? Essbares lag gewöhnlich nicht auf der Straße, und wenn, dann war es jetzt tief unter dem Schnee begraben.

Außer Atem kam er in der Grande Rue an. Hier sah man wenigstens Spuren im Schnee – von Amselkrallen und Katzenpfoten. Doch Menschen waren nicht unterwegs. Die Geschäfte schienen geschlossen zu sein, selbst der Glühweinstand war verwaist. Filou trabte zum Markt. Aber auch dort war die Welt tief verschneit und leer. Es war, als ob ganz Beaulieu Urlaub genommen hätte und in die Ferien gefahren wäre.

Das Schälchen vor dem Haus eines Katzenbesitzers, das sonst stets gut gefüllt war, war leergefressen. Im Papierkorb vor der Schule hatte sich schon seit Tagen nichts finden lassen. Die Müllabfuhr war gestern gewesen.

Nach Stunden kehrte er in den Keller zurück, hungrig und ohne auch nur irgendetwas für Josephine ergattert zu haben. Sie empfing ihn so wie immer, zärtlich und ohne ein Wort der Klage. Die Kleinen spielten Fangen mit seinem Schwanz, balgten sich, bis eines empört aufquiekte, und die Welt war in Ordnung – wenigstens für den Moment. Noch hatte Josephine Milch, sodass die Kleinen bald satt einschliefen.

Filou aber machte sich Sorgen. Alle paar Stunden sprang er auf das Fenstersims und schaute hinaus. Es schneite. Es schneite unaufhörlich weiter. Schon waren seine Spuren unter dem frischen Schnee verschwunden. Eine makellose unberührte Schneedecke lag unten auf der Straße. Niemand war bei diesem Wetter draußen. Doch die Rauchfahnen, die über den Häusern standen, zeigten, dass sich die Menschen drinnen und im Warmen aufhielten. Sehnsüchtig dachte Filou an Wärme und Licht.

Am nächsten Tag spitzte sich ihre Lage zu. Josephine hatte nicht mehr genug Milch, um die Kleinen sattzukriegen, die zu quengeln begannen. Filou versuchte, sie abzulenken, und lockte sie, mit ihm zu spielen. Aber ihre sonst so unerschöpfliche Energie erlahmte bald, und sie suchten nach Josephines Zitzen, die erschöpft auf der Seite lag.

Es musste etwas geschehen. Bald. Sonst starben erst die beiden Katzenkinder, dann Josephine – und zum Schluss er selbst.

Als die Kleinen nach langem Quengeln endlich eingeschlafen waren und auch Josphine neben ihm leise schnarchte, lag Filou noch immer wach und dachte nach. Endlich fasste er einen Entschluss. Er würde die drei zu Marla und ihren Eltern bringen. Gewiss, das war ein Risiko. Und er selbst würde dort nicht bleiben können. Aber wie hieß das Zauberwort? Weihnachten? Und würde Marla zulassen, dass man sie aus dem Haus jagte – in den sicheren Tod?

Sein hungriger Magen gaukelte ihm Bilder vor – von großen Schüsseln mit Katz-Gourmet und den zarten Fingern Marlas, die ihn zärtlich streichelten. Marla würde für ihn und für Josephine und die beiden Kleinen kämpfen. Sie war die Rettung.

Als es endlich zu schneien aufhörte, war es draußen noch hell. Er weckte Josephine und erzählte ihr von seinem Plan – allerdings nicht, dass er sie und die Kinder verlassen musste, wenn sie bei Marla untergekommen waren. Josephine stimmte zu, und so nahm jeder von ihnen ein maunzendes Katzenbaby ins Maul und sprang vom

Fenstersims nach unten auf die schneeverwehte Straße. Josephine gab keinen Laut von sich, als sie tief im Schnee versank, sie vertraute ihm, er hatte ihr versichert, dass sie nichts zu befürchten hatte. Tapfer sprang sie hinter ihm her, die kleine Glückskatze im Fang, während Filou mit dem roten Katerchen im Maul vor ihr her pflügte. Die Kleinen hatten sich zusammengerollt und hielten still, sie wussten wie alle kleinen Katzen, wann Widerstand zwecklos war: wenn die Mutter sie am Nackenfell packte.

Der Schnee war mittlerweile etwas fester geworden, und es schneite nur noch leicht. Es war still im Dorf, noch immer war niemand unterwegs, aber aus den Fenstern strahlte warmes Licht. In der Grande Rue hatte man den Schnee vom Bürgersteig an den Straßenrand geschoben, wo er einen fast unüberwindlichen Wall bildete. Doch sobald sie über den Schneewall geklettert waren, ging es leichter voran.

Bis zum Kriegerdenkmal waren sie gekommen, wo sie Pause machten, sich aneinanderkuschelten und die Kleinen warmleckten. Dann ließ Filou die drei allein und erkundete ihren weiteren Weg. Immerhin würden sie durch zwei Gartenhecken hindurchkriechen müssen. Im Sommer wäre das kein Problem gewesen, aber jetzt sah er, dass der Wind den Schnee vor der Ligusterhecke zum Kindergarten hoch aufgetürmt und tief in sie hineingetrieben hatte. Wie sollte man da hindurchkommen? Fast verließ ihn der Mut. Aber dann entdeckte er eine Stelle, an der der Schnee nicht ganz so hoch war, und begann, sich seinen Weg durch die Hecke frei zu scharren. Endlich schien ihm die Lücke groß genug zu sein, und er trabte zu Josephine zurück.

Sie hatte die Kleinen mittlerweile beruhigt, nahm nun Mabelle am Genick und trabte hinüber zur Hecke. Sie kletterte als Erste hindurch und lockte die beiden Kleinen, die ihr folgen sollten. Mabelle war die Sache unheimlich. Und kaum, dass sie ihr Köpfchen durch die Zweige gesteckt hatte, blieb sie stecken und geriet in Panik. Filou brach schier das Herz, als sie jämmerlich zu schreien begann.

Schon bellte ein Hund hinter einer der Haustüren. Also schob Filou seinen Kopf und den Körper über die Kleine, ließ sich von den dürren Zweigen der Hecke kratzen und zausen, bis er sie endlich mit sanfter Zunge ins Freie gestupst hatte. Monpti folgte direkt hinter ihm.

Vor ihnen lag eine leere schneebedeckte Fläche. Kein Licht beleuchtete sie. Es kam ihm unendlich weit vor bis zur nächsten Hecke. Schon wurde es dunkel. Und es schneite wieder heftiger.

»Lauf«, sagte er zu Josephine, die vor Kälte zitterte, ebenso wie die Kleinen, die sich ängstlich an sie pressten. »Immer geradeaus. Bis zur nächsten Hecke. Und wenn wir da hindurch sind, wird alles gut.«

Aber was würde geschehen, wenn Marla nicht zu Hause wäre? Wenn niemand zu Hause wäre? Wenn sie verreist wären?

Filou sah sich und seine Familie vor sich, wie sie vor der geschlossenen Terrassentür lagen, kalt und hungrig. Wie sie einander verzweifelt zu wärmen versuchten, bevor der Hunger und die Kälte sie einholten. Wie erst Mabelle starb, die Kleinste. Dann Monpti. Josephine. Und endlich er, Filou. An gebrochenem Herzen. Er hätte fast geschrien vor Verzweiflung.

Doch dann verbot er sich diese Gedanken. Er durfte nicht schwach werden. Er musste ihnen allen Mut machen, vor allem den Kleinen, denen man anmerkte, dass sie am Ende ihrer Kraft waren.

»Es ist nicht mehr weit«, sagte er aufmunternd. »Und dann sind wir in einer warmen Wohnung bei netten Menschen und werden fürstlich bewirtet.«

Josephine stellte Schweif und Öhrchen auf und versuchte, es ihm nachzumachen. »Gleich ist es vorbei. Alles wird gut«, flüsterte sie und stupste Mabelle zärtlich an.

Filou lief voraus zu diesem letzten großen Hindernis, das sie überwinden mussten. Die Hecke war nicht ganz so dicht gewachsen und weniger verschneit, und die Blätter des Steinlorbeers fühlten sich zwar steif und ledrig an, aber sie boten nicht viel Widerstand. Er kratzte und scharrte und hatte endlich einen Durchgang geschaffen. Josephine trug erst Mabelle und dann Monpti hindurch.

Sie waren da. Oder? Einen Moment lang fürchtete Filou, dass sie sich verirrt hatten. Denn der Zaubergarten war nicht wiederzuerkennen. Weiße Gnome standen ihnen drohend im Weg, und in der Ferne erblickte er ein hohes bleiches Gespenst, das auf sie zuzukommen schien. Unwillkürlich begann Filou zu knurren.

Josephine neben ihm fauchte und stellte sich schützend vor die Kleinen. Dann begriff Filou, dass er auf schneebedeckte Büsche sah und dass sich unter dem hohen Schneegespenst seine geliebte Mimose verbarg.

Und endlich ging sein Blick zum Haus. Würde alles dunkel und tot sein? Hatten sie hier die Endstation ihres Lebens erreicht?

ZWEIUNDDREISSIG

Langsam zog die kleine Karawane weiter. Vom Haus war nichts zu sehen, kein Lichtstrahl tanzte über die weiße Fläche. Keine Musik war zu hören, kein Lachen. Kalte Stille.

Sie hatten sich an zwei Büschen vorbeigekämpft, als Josephine die Ohren und den Schweif aufstellte, den sie bis dahin mutlos auf halbmast getragen hatte, und vorwärtsstürmte. Nun sah er es auch: Warmes Licht setzte dem Schnee goldene Lichter auf. Er lief schneller. Und da war es: Das Licht strömte durch die Tür zur Terrasse nach draußen. Josephine war noch vor Filou an der Tür, stellte sich auf die Hinterbeine, schaute hinein und gab einen klagenden Laut von sich

Filou stellte sich neben sie. Da war es – das Paradies, auch wenn es im Sommer anders ausgesehen hatte. Mitten im Zimmer stand eine großen Tanne, an der rote Kugeln hingen. Im Kamin flackerte Feuer. Sanfte Klänge drangen durch die Glastür. Man hörte Musik. Frederick saß in einem Sessel am Kamin und las Zeitung. Ivonne lagerte malerisch auf dem Sofa, die Hand auf Lucrezia, die neben ihr ruhte. Verglichen mit ihm und Josephine war Luc entsetzlich fett geworden.

Sein Blick suchte Marla. Er spürte sein Herz klopfen. Wo war sie?

»Siehst du was?«, flüsterte Josephine neben ihm. »Ist sie da? Werden sie uns aufmachen? Es ist so kalt!«

»Gleich. Ich muss nur noch ...«

»Mabelle. Sie ist schon ganz schwach.« Filou hörte die Angst in Josephines Stimme. Er stieß einen Klagelaut aus. Wo war Marla?

Und endlich erblickte er sie. Sie lag bäuchlings auf einem Kissen unter dem Tannenbaum und schaute in ein Buch, das vor ihr lag. Die blonden Haare waren länger als früher und verdeckten ihr Gesicht. Aber sie war es.

Filou fuhr seine Krallen aus und begann, an der Scheibe zu kratzen. Josephine leckte Mabelle und maunzte verzweifelt. Er sah, wie Lucrezia den Kopf hob und ihn desinteressiert wieder sinken ließ. Natürlich, dachte er. Sie würde nie auf die Idee kommen, den Menschen klarzumachen, dass da draußen vier Asylsuchende standen, die erfrieren würden, wenn nicht bald etwas geschah.

Er ließ sich zurücksinken und hob den Kopf. Und dann stieß er den Schrei aus, der bereits einmal ein Leben gerettet hatte. Diesen Schrei, von dem er nicht genau wusste, wo er ihn herholte, der ganz tief aus der Kehle zu strömen schien und wie eine Sirene klang.

Die Kleinen flüchteten sich erschrocken unter Josephines Bauch. Selbst Josephine schien furchtsam zurückzuzucken, als er den Ton immer höher schraubte.

Aus den Augenwinkeln sah er eine Bewegung dort drinnen. Hatte Frederick ihn gehört? Ivonne? Marla? Er legte all seine Kraft in einen letzten verzweifelten Schrei. Und endlich öffnete sich die Tür.

»Filou!« Marla jubelte so laut, dass Josephine sich wieder beschützend über die Kleinen warf. »Ich wusste es! Ich wusste, du würdest zurückkommen!« Sie ging auf die Knie und nahm ihn auf den Arm. Diesmal verstand er, warum sie weinte.

Und dann brach das Chaos aus. Lucrezia machte einen Buckel und schenkte ihm einen scheelen Blick, als er Josephine und die Kleinen in das warme Zimmer stupste. Ivonne war aufgesprungen und rang die Hände. Nur Frederick blieb sitzen und sah der kleinen Prozession zu, die zielstrebig zum wärmenden Kamin pilgerte.

»Die sind ja ganz nass! Und halbverhungert!«, sagte Ivonne entsetzt. Machte sie sich etwa Sorgen um ihren Teppich? Filou fürchtete das Schlimmste. Aber Marlas Maman überraschte ihn.

»Du holst zwei Badetücher aus dem Bad, Frederick! Du bringst uns zwei Schüsselchen mit Futter, Marla. Und ich suche nach Katzenmilch.«

In kürzester Frist waren die Kleinen in warme Tücher gepackt, saßen Josephine und er vor vollen Schüsseln, machte sich wohlige Wärme breit. Als Josephine satt war, ließ sie sich neben Mabelle und Monpti fallen, die schnell begriffen hatten, wie man ein Schälchen mit Katzenmilch leert. Für eine Weile war es ganz ruhig, und man hörte nur das Purren von Josephine und das wohlige Schnaufen der beiden Kleinen.

»Sie hat keine Milch mehr. Lange wäre das nicht mehr gut gegangen«, sagte Ivonne mit sanfter Stimme. So kannte Filou sie gar nicht.

»Ist es nicht wunderbar, dass Filou sie hergebracht hat?« Marla saß neben ihm und konnte gar nicht aufhören, ihm übers Fell zu streicheln.

»Dreifarbige Katzen bringen Glück«, brummte Frederick.

»Wie schön sie ist. Und erst die Kleinen.« Ivonne hockte sich neben Josephine und strich ihr über die Nase.

»Na gut«, sagte Frederick gemütlich, »über Weihnachten dürfen sie bleiben.«

Es wurde ganz still im Raum. So still, dass Filou hören konnte, was Lucrezia zischte, die sich auf ihren Thron auf dem Sofa zurückgezogen hatte. »Siehst du! Wenn du glaubst, du könntest dich hier auf die Mitleidstour wieder einschleichen, dann hast du dich geschnitten, Kleiner.«

»Nein, Papa«, sagte Marla schließlich mit einer Stimme, die nur ein kleines bisschen zitterte. »Filou ist zu uns zurückgekommen. Ich lass ihn nie mehr gehen.«

»Aber Maria Lara, du wirst doch einsehen, dass wir nicht eins, zwei, drei – nein: fünf Katzen durchfüttern können!« Frederick klang freundlich, aber bestimmt.

»Warum denn nicht? Dann kriegt unsere Dicke eben ein paar Döschen weniger, das schadet der Figur keineswegs«, sagte Ivonne mit Blick auf Luc, die überhaupt nicht mehr glücklich und zufrieden wirkte. Wem jetzt wohl seine Felle wegschwammen? Filou verbot sich, hämisch zu ihr hinüberzugrinsen. Außerdem irritierte ihn Ivonne. Wieso war sie plötzlich so – nachgiebig?

»Also gut. Filou kann bleiben. Für die anderen finden

wir sicher irgendwo ein nettes Plätzchen.« Noch immer klang Frederick gemütlich. Aber Filou hatte genau verstanden, was er sagte. Er erstarrte. Er würde sich nie, niemals von Josephine trennen lassen.

»Ich hab was von meinem Taschengeld gespart.« Marla klang mit einem Mal furchtbar erwachsen. »Ich kann Nachhilfestunden geben. Ich verkaufe meinen iPod. Und ich brauche auch keine neuen Winterschuhe.«

»Soso«, sagte Frederick und blickte seine Tochter liebevoll an. »Und was sagst du, Ivonne?«

Ivonne richtete sich auf. »Sie bleiben«, sagte sie leise. »Alle.«

Frederick faltete die Zeitung zusammen und legte sie neben seinen Sessel. Dann stand er auf.

»Liebe Ivonne. Liebe Marla. Es ist Weihnachten, und wir erleben gerade einen historischen Moment.«

»Hört, hört«, murmelte Ivonne, die wieder neben Josephine saß und es duldete, dass Monpti hingebungsvoll an ihrem Zeigefinger nagte.

»Du, liebe Ivonne, hast deinem Herzen einen Stoß gegeben. Natürlich bleiben sie alle bei uns. Wie könnte es anders sein?«

»Papa!« Marla strahlte ihn an.

»Einen Helden wie diesen hier lässt man nie mehr gehen.« Er beugte sich zu Filou hinunter und tätschelte ihn.

»Dieser Kater hier ist etwas ganz Besonderes. Er ist eine Ausnahmeerscheinung unter den Katzen. Noch nie hat man von einem solchen Tier gehört.«

»Also Herumstreuner gibt's ja eigentlich genug«, bemerkte Ivonne spitz, die Mabelle und Monpti auf dem Schoß hatte.

»Nein, Ivonne. Er ist kein Herumstreuner. Er ist der treueste, fürsorglichste Kater der Welt. Er hat seine Mutter ernährt, wochenlang, hat nie nur an sich gedacht, auch, als er längst hier bei uns das Paradies auf Erden hatte. Es wurde ihm nicht gedankt.«

Ivonne wollte etwas sagen, aber Frederick ließ sie nicht zu Wort kommen.

»Und heute, zu Weihnachten, bringt er uns seine Familie, womit er sie alle vor dem sicheren Hungertod gerettet hat. Zu Weihnachten! Vergesst nicht, was wir hier feiern!«

»Das Fest der Familie«, piepste Marla.

»Da darf jeder mal predigen«, kommentierte Ivonne.

Filou hatte das Schnurren vergessen und fragte sich, ob er nicht vielleicht doch nur träumte.

»Unser Kater hier wusste nicht nur, wo er Hilfe erwarten konnte. Er ist auch der einzige Kater, von dem ich je gehört habe, der sich um seinen Wurf kümmert. Ein solches Tier ist wirklich etwas ganz Außergewöhnliches. Und wenn er will, dürfen er und die Seinen auf immer bei uns bleiben.«

Frederick drückte Filou feierlich die Pfote. Er ließ es sich wie betäubt gefallen. Ihm war ganz schwindelig von all den Worten, und er beeilte sich, zum Kamin zu gelangen, an Josephines Seite.

»Warum müssen Männer eigentlich immer so ein Theater machen, wenn eines ihrer Exemplare sich mal anständig verhält?«, hörte er Ivonne murmeln, die eine quiekende Mabelle am Bauch kitzelte.

Aber Frederick zog es vor, die Bemerkung zu überhören, und hockte sich zu Marla, die neben Josephine und Filou saß. »Wie wollen wir sie nennen, die beiden Kleinen?«, fragte er.

»Scarlett«, sagte Marla und deutete auf das Kätzchen. »Und das Katerchen nennen wir Rhett.«

»Das hat man nun davon, wenn man dir ›Vom Winde verweht‹ zu Weihnachten schenkt«, kommentierte Frederick. »Und wie nennen wir Filous Liebste?«

»Wie nennt man wohl eine Glückskatze?«, murmelte Ivonne mit sanfter Stimme, denn Josephine kannte sich mit vertrauensbildenden Maßnahmen aus und war ihr auf den Schoß gesprungen. »Felicitas?«

»Felicitas und Filou, Scarlett und Rhett. So sei es. Darauf trinken wir einen.« Frederick streckte sich und ging hinaus. Er kam mit drei Gläsern und einer Flasche wieder. Ivonne verzog das Gesicht.

»Aber du willst doch Maria Lara keinen Alkohol geben!«

»Das ist kein Alkohol. Das ist was Besseres. Es wird Zeit, dass sie Champagner trinken lernt.«

Die drei hoben ihre Gläser – in Marlas Glas war nur eine bescheidene Pfütze – und tauften die beiden Kleinen feierlich, was Rhett mit ausgiebigem Gähnen beantwortete.

»Schau mal, was er uns sagen will!« Frederick lachte. »›Das ist mir offen gesagt gleichgültig.‹ Er ist der perfekte Rhett Butler.«

Nur Filou hatte gemerkt, dass sich Lucrezia herangeschlichen hatte, während sich die drei Menschen amüsierten. Er machte sich auf eine ihrer Bosheiten gefasst. Aber sie ignorierte ihn. Sie hockte sich neben Josephine, betrachtete angelegentlich ihre Krallen und sagte dann: »Du solltest ihnen rechtzeitig das Mausen beibringen, das hilft ihnen im Leben. Filous Mutter hat ihm vieles nicht mitgegeben, er hat es immer sehr schwer gehabt, obwohl ich mein Bestes gegeben habe.«

Josephine spitzte die Ohren. Filou hätte fast die Raffinesse bewundert, mit der Luc ihr Gift verspritzte.

»Ich bin nicht seine Mutter, verstehst du. Ich habe ihn damals aufgelesen, den kleinen mutterlosen Kater.« Sie tat, als ob ihr die Kehle eng würde.

Gleich kommen mir die Tränen, dachte Filou.

»Ich habe redlich versucht, ihm das Überleben in einer harten, grausamen Welt beizubringen. Das wird einem ja nicht immer gedankt.« Ihre Stimme zitterte.

Sehr gekonnt, dachte Filou.

»Aber ich glaube, es ist mir gelungen.« Sie betrachtete ihn mit fettem Wohlwollen.

»Ich bin stolz auf dich, Kleiner. Ja, ich bin stolz auf dich.«

DREIUNDDREISSIG

Filou war der größte und prächtigste, der angesehenste Kater von Beaulieu. Er war der glücklichste Kater der Welt. Bis ihn eines Tages Josephine zärtlich auf die Nase küsste und ihm etwas ins Ohr flüsterte. Erst verstand er nicht. Was hatte sie gesagt? »Soll ich dich ein bisschen jagen?«

Und wieder änderte sich sein Leben. Aber das ist ein anderes Kapitel.